LE PLAN MENTAL

Copyright © 2017

Éditions Unicursal Publishers
www. unicursalpub. com

ISBN 978-2-9816864-2-8

Première Édition, Litha 2017

Tous droits réservés pour tous les pays.

C. W. LEADBEATER

LE
PLAN MENTAL

Classiques Théosophiques

UNICURSAL

PRÉFACE

Quelques mots suffiront pour présenter ce petit ouvrage au lecteur : c'est le sixième d'une série de manuels rédigés à la demande générale afin de présenter sous une forme simple les enseignements théosophiques. Quelques personnes se sont plaintes de ce que notre littérature fût à la fois trop abstraite, trop technique et d'un prix trop élevé pour le lecteur ordinaire. Nous espérons que la présente série pourra répondre à un très réel besoin. La Théosophie n'est pas seulement pour les savants ; elle est pour tous. Parmi les lecteurs qui, dans ces pages, se trouveront pour la première fois en présence des enseignements théosophiques, quelques-uns peutêtre seront tentés d'approfondir ses aspects philosophique, scientifique et religieux et en aborderont les problèmes plus difficiles, animés d'un zèle studieux et d'une ardeur de néophyte. Mais ces manuels-ci ne s'adressent pas uniquement à l'étudiant plein d'ardeur que nulle difficulté initiale ne rebute ; ils sont écrits *pour les hommes et les femmes emportés par le courant de la vie et des activités journalières ; leur but est d'expliquer quelques-unes des grandes vérités qui rendent l'existence plus facile à supporter et la mort plus facile à envisager ; écrits par les serviteurs de ces Maîtres qui sont les Frères Aînés de notre race, ils ne peuvent avoir d'autre objet que le service de l'humanité.*

AVANT-PROPOS

Dans le manuel précédent, nous avons essayé de décrire, jusqu'à un certain point, le plan astral, région inférieure de cet immense monde invisible dans lequel nous vivons sans nous en douter. Dans ce petit livre, nous allons entreprendre la tâche, plus ardue, de donner une idée approximative du niveau immédiatement au-dessus, c'est-à-dire du plan mental ou monde céleste, souvent appelé dans notre littérature théosophique le plan du Dévakhane, ou Soukhâvati[1].

Si nous appelons ce plan le monde céleste et si, par là, nous voulons donner à entendre qu'il contient la réalité servant de base à toutes les re-

---

1   Dévakhane, se prononce quelquefois Dévatchane, ou littéralement, suivant le Dr Grünwedel, « bDe-ha-can » (V. Mythologie du Bouddhisme au Thibet et en Mongolie, basée sur la collection Jamaïque du prince Oukhtomsky, trad. de l'allemand par Ivan Goldschmitt, Leipzig-Brockhaus, 1900).

présentations les plus élevées et les plus spirituelles qu'en ont formées les différentes religions, il faudrait bien se garder de l'envisager à cet unique point de vue. C'est une région de la nature dont l'importance pour nous est extrême, un monde immense et splendide, animé par une vie intense. Nous y vivons en ce moment, tout comme nous y passons les intervalles entre nos incarnations physiques. Notre manque de développement, les limitations que nous impose notre vêtement de chair, voilà les seules raisons nous empêchant de comprendre que toute la gloire du ciel suprême nous entoure ici-bas, dès aujourd'hui, et que les influences ayant le monde céleste pour origine agissent constamment sur l'homme ; à nous de les comprendre et de les recevoir. Pour l'homme du monde, ceci peut sembler impossible ; pour l'occultiste, c'est une réalité indéniable. A ceux qui n'ont pas encore saisi cette vérité fondamentale, nous ne pouvons que répéter le conseil donné par l'instructeur bouddhiste : — « Ne vous répandez pas en plaintes, en larmes et en prières, mais ouvrez les yeux et regardez. La lumière vous entoure ; vous la verriez si vous arrachiez le bandeau et jetiez les yeux autour de vous. Elle est si merveilleuse et si belle ! Elle dépasse tellement tous les rêves et toutes les prières humaines ! Et elle existe pour l'éternité. » (The Soul of a People, p. 163).

Pour l'étudiant en Théosophie, il est absolument nécessaire de bien saisir cette grande vérité, qu'il existe dans la nature différents plans ou départements ; à chacun correspond une matière qui lui est spéciale, d'une densité appropriée, matière qui interpénètre toujours la matière du plan immédiatement au-dessous. Il faut bien comprendre aussi que les expressions « supérieur » et « inférieur » que nous appliquons à ces plans, ne se rapportent aucunement à leur position (puisqu'ils occupent tous le même espace), mais seulement au degré de raréfaction de leur matière constitutive particulière ou, en d'autres termes, à son degré de subdivision. Tous les genres de matière qui nous sont connus sont, au fond, identiques ; ils ne diffèrent que par leur degré de subdivision et par leur rapidité vibratoire.

Dire d'un homme qu'il passe d'un de ces plans sur un autre, n'implique donc en aucune façon qu'il change de place, mais seulement qu'il éprouve une modification de conscience. Tout homme, en effet, réunit en sa personne de la matière appartenant à chacun de ces plans et, pour chacun d'eux, un véhicule correspondant, véhicule qu'il peut employer momentanément après en avoir appris l'usage. Passer d'un plan à un autre signifie par conséquent transférer le foyer de la conscience d'un véhicule à un autre et employer momentanément le corps astral ou le corps mental au lieu du corps physique. Chacun de ces corps ne répond naturellement qu'aux vibrations de son propre plan. Si donc un homme « centre » sa conscience dans le corps astral, il ne percevra que le monde astral, tout comme nous ne percevons que le monde physique, quand notre conscience n'emploie que les sens physiques. Néanmoins, ces deux mondes (et bien d'autres encore) existent en pleine activité, et nous entourent sans cesse. L'ensemble de ces plans constitue, en réalité, un tout immense et vivant, bien que nos facultés rudimentaires ne soient capables d'en observer, à la fois, qu'une minime partie.

En envisageant cette question d'interpénétration, il faut nous tenir en garde contre des méprises possibles. Aucun des trois plans inférieurs du système solaire — comprenons bien ceci — n'a, dans l'espace, la même étendue que lui, sauf en ce qui concerne un état particulier de la subdivision la plus élevée, ou atomique, de chacun de ces plans. Chaque globe physique a son plan physique (comprenant son atmosphère), son plan astral et son plan mental, qui s'interpénètrent mutuellement et, par conséquent, occupent dans l'espace une position identique ; mais ils sont absolument séparés des plans correspondants d'un autre globe quelconque et ne sont pas en communication avec eux. C'est seulement en nous élevant jusqu'aux niveaux exaltés du plan bouddhique, que nous trouvons une condition commune, tout au moins à toutes les planètes de notre chaîne.

Il existe cependant, comme nous l'avons dit plus haut, une condition de la matière atomique de chacun de ces plans qui, dans son extension, est cosmique. Aussi pouvons-nous dire des sept sous-plans atomiques de notre système, envisagés à part, qu'ils forment un plan cosmique, le plus bas, appelé parfois le plan cosmique prâkritique. L'éther interplanétaire, par exemple, qui semble répandu dans tout l'espace — et doit l'être en effet, tout au moins jusqu'à la plus lointaine des étoiles visibles, autrement cette étoile échapperait à notre vue physique — l'éther est composé d'atomes physiques ultimes, dans leur condition normale, où ils ne sont soumis à aucune compression. Quant aux genres d'éther les plus bas et les plus complexes, ils n'existent (pour autant qu'on le sache actuellement) qu'en union avec les différents corps célestes ; ils s'assemblent autour de ces corps, absolument comme leur atmosphère, mais en dépassant probablement bien davantage leur surface.

Il en est exactement de même pour les plans astral et mental. Le plan astral de notre Terre interpénètre le globe de son atmosphère, mais dépasse sensiblement les limites de celle-ci. Le lecteur se rappellera que les Grecs nommaient ce plan le monde sublunaire. Le plan mental interpénètre à son tour l'astral, mais lui aussi s'étend plus loin dans l'espace.

Seule la matière atomique de chacun de ces plans a la même extension que l'éther interplanétaire (encore faut-il, pour cela, qu'elle se trouve dans un état de liberté complète). Par suite, un homme ne peut pas plus passer d'une planète à l'autre, même de notre propre chaîne, dans son corps astral ou dans son corps mental, qu'il ne le peut dans son corps physique. Dans le corps causal, si celui-ci est très développé, il peut y parvenir ; mais même dans ce cas, c'est chose beaucoup moins facile et moins rapide que sur le plan bouddhique, pour les personnes qui ont réussi à élever leur conscience aussi haut.

En comprenant clairement ces faits, le lecteur ne confondra pas, comme ont pu le faire parfois des étudiants, le plan mental de notre terre et ces autres globes de notre chaîne qui existent sur le plan mental. Il faut se dire que les sept globes de notre chaîne sont des globes véritables, occupant dans l'espace des positions déterminées et distinctes, bien que certains d'entre eux ne soient pas sur le plan physique. Les globes A, B, F et G sont séparés de nous et séparés entre eux, tout comme le sont Mars et la Terre. La seule différence est celle-ci : Mars et la Terre ont des plans physique, astral et mental qui leur appartiennent en propre, tandis que les globes B et F n'ont rien de moins élevé que le plan astral, et A et G rien de moins élevé que le plan mental. Le plan astral que nous avons étudié, et le plan mental dont nous allons nous occuper, ne concernent que notre Terre et n'ont rien à faire avec ces autres planètes.

Le plan mental, où se passe la vie céleste, est le troisième des cinq grands plans qui, pour le moment, intéressent l'humanité ; au-dessous de lui sont les plans astral et physique, au-dessus de lui les plans bouddhique et nirvânique. C'est le plan où l'homme, à moins d'être encore dans un stade fort peu avancé, passe le plus de temps durant son processus évolutif ; car, sauf dans le cas d'un manque de développement absolu, il est rare que la durée de la vie physique dépasse beaucoup le vingtième de la vie céleste. S'agit-il de personnes dans une bonne moyenne, l'une ne sera parfois que le trentième de l'autre. De fait, c'est la patrie véritable et permanente de l'Ego qui se réincarne, c'est-à-dire de l'âme humaine. Chaque descente en incarnation n'est dans sa carrière qu'un bref, mais important épisode. Il vaut donc bien la peine de consacrer à l'étude de la vie céleste tout le temps et le soin nécessaires pour arriver à la comprendre d'une manière aussi complète que nous le permet notre emprisonnement dans le corps physique.

Il existe malheureusement, pour qui veut tenter d'exprimer en paroles les faits de ce troisième plan de la Nature, des difficultés à peu près insurmontables — et cela est assez naturel, car souvent les mots nous manquent pour exprimer nos idées et nos sentiments, même sur notre plan physique, le plus bas de tous. Ainsi que s'en souviendront les lecteurs du *Plan Astral*, cet ouvrage dit combien il est impossible de donner une idée suffisante des merveilles de cette région à ceux dont l'expérience n'a pas encore dépassé le monde physique. Or toute assertion de ce genre peut s'appliquer avec dix fois plus de force à la tentative que nous allons faire dans le présent manuel, suite de ce premier ouvrage. Non seulement la matière que nous devons essayer de décrire est plus éloignée que la matière astrale de celle dont nous avons l'habitude, mais la conscience particulière à ce nouveau plan est immensément plus vaste que tout ce que nous pouvons imaginer en ce bas monde — si bien que l'explorateur appelé à traduire ses impressions en langage ordinaire, s'en trouve complètement incapable. Tout ce qu'il peut faire, c'est de s'en remettre à l'intuition de ses lecteurs, pour combler les inévitables lacunes de sa description.

Pour ne donner de nos difficultés qu'un exemple entre mille, il semble que, sur ce plan mental, le temps et l'espace n'existent pas ; car les événements qui, sur le plan physique, se passent successivement et dans des localités très éloignées les unes des autres, paraissent ici arriver simultanément et sur le même point. Tel est, du moins, l'effet produit sur la conscience de l'Ego, bien que certaines circonstances donnent à supposer que la simultanéité absolue soit l'attribut d'un plan plus élevé encore et que cette impression éprouvée dans le monde céleste ait simplement pour cause une succession si rapide que, vu leur brièveté infinitésimale, les intervalles de temps nous échappent. C'est ce qui se passe dans une expérience d'optique bien connue consistant à faire tourner en cercle un bâton dont l'extrémité est incandescente. L'oeil reçoit l'impression d'un cercle enflammé continu, si le bâton fait plus de dix tours à la seconde. Non pas que le cercle continu ait une existence réelle, mais l'oeil humain ne peut généralement discerner séparément des impressions semblables quelconques lorsqu'elles se suivent à des intervalles inférieurs à un dixième de seconde.

Quoi qu'il en soit, le lecteur comprendra sans peine qu'en essayant de décrire un genre d'existence aussi complètement différent de la vie physique que celui dont nous allons aborder l'étude, il sera impossible de ne pas dire souvent des choses qui seront tantôt inintelligibles, tantôt même tout à fait incroyables pour qui n'a pas fait de cette existence plus haute une expérience personnelle. C'est là, encore une fois, une conséquence inévitable. Aussi les lecteurs qui ne pourront ajouter foi aux affirmations de nos investigateurs devront-ils simplement attendre qu'une description plus satisfaisante leur soit donnée du monde céleste, en attendant le jour où ils pourront l'étudier personnellement. Je ne puis qu'affirmer de nouveau, comme je l'ai fait dans le *Plan Astral*, que toutes les précautions possibles ont été prises pour obtenir l'exactitude.

Dans l'un et l'autre cas nous pouvons dire ceci : « Aucun fait, ancien ou nouveau, n'a été admis par nous dans cet ouvrage qui n'ait été confirmé par le témoignage d'au moins deux de nos observateurs exercés et indépendants, témoignage corroboré, de plus, par celui des étudiants plus avancés et par conséquent beaucoup plus versés que nous-mêmes en ces questions. Cette exposition, bien qu'incomplète encore, ne laissera donc pas, nous l'espérons, de représenter une valeur relative. »

La division générale du manuel précédent sera, autant que possible, suivie dans le présent ouvrage ; le lecteur pourra donc, s'il le désire, comparer les deux plans, niveau par niveau. Le titre « Paysage » serait cependant peu applicable au plan mental, comme nous le verrons plus loin ; aussi le remplacerons-nous par le titre qui suivant :

CARACTÈRES GÉNÉRAUX

Peut-être, pour aborder ce sujet extrêmement difficile, la méthode la moins insuffisante sera-t-elle de plonger in media res et d'essayer, bien que cet effort soit condamné d'avance, de décrire ce que voit un élève ; en voici la raison. A moins de pouvoir être l'élève d'un des Maîtres de la Sagesse, il est peu probable qu'un homme parvienne à passer, en pleine conscience, dans ce séjour de gloire et de béatitude et à revenir ensuite ici-bas avec le souvenir précis de ce qu'il y a vu. Nul « esprit » complaisant ne vient du monde céleste pour débiter des platitudes par l'intermédiaire du médium professionnel ; jamais aucun clairvoyant ordinaire ne s'élève aussi haut, bien qu'il soit arrivé que les meilleurs et les plus purs y aient pénétré, dans des moments de sommeil très profond, où ils échappaient à leurs magnétiseurs ; encore, dans ce cas, en ont-ils rarement rapporté autre chose que le souvenir indistinct d'un bonheur profond mais indescriptible, fortement coloré, en général, par leurs convictions religieuses personnelles.

Quand l'âme désincarnée, se retirant en elle-même après ce que nous appelons la mort, atteint le plan dévakhanique, ni les pensées anxieuses de ses amis désolés, ni les attractions offertes par les cercles spirites ne peuvent plus la remettre en rapport avec la terre physique, tant que les forces spirituelles mises en mouvement durant sa dernière existence n'auront pas suivi leurs cours jusqu'au bout, et que l'Ego ne sera pas, une fois de plus, prêt à revêtir une nouvelle enveloppe de chair. D'ailleurs pourrait-il revenir ici-bas, que le récit de ses expériences ne nous donnerait du monde céleste aucune idée véritable. Comme nous le verrons plus loin, il faut y entrer en pleine conscience et complètement éveillé, pour pouvoir y circuler librement et se laisser pénétrer par la gloire et la beauté merveilleuse qui nous attendent là-haut. Tout ceci sera d'ailleurs expliqué d'une manière plus complète quand nous parlerons des habitants de ce monde céleste.

Une belle description

Un occultiste éminent écrivait, il y a déjà longtemps, les lignes suivantes ; il les donnait comme une citation faite de mémoire. Je n'ai jamais pu découvrir d'où elles ont été tirées, bien qu'il existe dans *Catena of Buddhist Scriptures* de Beal, p. 378, un passage qui semble en être une version différente et beaucoup plus longue.

« Bouddha, notre Seigneur, a dit : — Séparé de nous par bien des milliers de myriades de systèmes solaires, il existe un séjour de béatitude nommé Soukhâvati. Les Tathâgatas gouvernent et les Bodhisattvas possèdent ce saint asile des Arhats. Cette région est entourée de sept enceintes de barrières, de sept épaisseurs de vastes rideaux, de sept rangées d'arbres qui se balancent au vent ; elle possède sept lacs précieux, au centre desquels jaillissent des eaux cristallines, dont les propriétés et les qualités sont au nombre de sept et pourtant n'en forment qu'une seule. O Sâripoutra, c'est le Dévakhane. Sa divine fleur d'Oudambara plonge une racine dans l'ombre de toute terre et s'épanouit pour tous ceux qui l'atteignent. Ils sont vraiment heureux, les hommes nés dans cette région bénie, qui ont franchi le pont d'or et atteint les sept montagnes d'or ; pour eux, dans le cycle présent, il n'y a plus ni deuil ni chagrin. »

Dans ce passage, voilés il est vrai sous l'exubérante allégorie des Orientaux, nous pouvons sans peine discerner quelques-uns des traits caractéristiques principaux, spécialement mis en lumière par les récits de nos investigateurs modernes. Les « sept montagnes d'or » ne peuvent être que les sept subdivisions du plan mental que séparent entre elles des barrières impalpables, mais cependant aussi réelles et aussi effectives que s'il se trouvait là « sept enceintes de barrières, sept épaisseurs de vastes rideaux, sept rangées d'arbres qui se balancent au vent ». Les sept espèces d'eau cristalline possédant chacune ses propriétés et ses qualités particulières représentent les différents pouvoirs et les différentes qualités mentales, envisagés individuellement, tandis que la qualité unique, commune à tous, est de conférer à ceux qui les ont en partage, le degré de béatitude le plus profond qu'il leur soit possible d'éprouver. Sa fleur, en vérité, « plonge dans l'ombre de toute terre », car de chaque monde l'homme passe dans le ciel correspondant, et le bonheur, — un bonheur dont aucune langue ne saurait donner une idée — est la fleur qui s'épanouit pour tous les hommes devenus capables de l'atteindre, grâce à leur manière de vivre. Ils ont « franchi le pont d'or » jeté sur le fleuve qui sépare le monde céleste du monde des désirs ; pour eux, « dans le cycle présent », il n'y a donc plus « ni deuil ni chagrin », jusqu'au jour où l'homme se revêtira d'un corps nouveau et que, pour un temps, il abandonnera une fois encore le monde céleste.

La béatitude du monde céleste

L'intensité du bonheur, telle est la première grande idée qui doit servir de base à toutes nos conceptions de la vie céleste. Non seulement nous parlons ici d'un monde dont la nature même ne laisse point de place au mal et à la douleur, non seulement tous les habitants y sont heureux, mais la réalité va beaucoup plus loin. C'est un monde où tout être, par le fait même qu'il s'y trouve, doit goûter la béatitude spirituelle la plus élevée dont il est susceptible, — un monde qui répond aux aspirations que l'homme est capable d'éprouver.

Ici pour la première fois nous comprenons, jusqu'à un certain point, ce que peut être la véritable nature de la grande Source de Vie ; ici pour la première fois nous voyons de loin ce que doit être le

Logos et ce qu'Il nous appelle à devenir. Et quand, dans son ensemble, la réalité prodigieuse éclate à nos regards étonnés, nous éprouvons le sentiment irrésistible que grâce à cette connaissance de la vérité, l'existence ne pourra plus jamais nous apparaître sous le même jour qu'autrefois. Comment, dès lors, constater sans stupéfaction l'insuffisance absolue du bonheur, tel que l'homme du monde se le représente ? Bien plus nous sommes forcés de reconnaître que ses idées, sur ce point, sont des contresens absurdes et ne se réaliseront jamais et que, le plus souvent, l'homme tourne positivement le dos au but qu'il voudrait atteindre. Mais ici enfin se trouvent la vérité et la beauté ; elles laissent bien loin au-dessous d'elles tous les rêves des poètes et, dans le rayonnement de leur gloire indicible, toute autre joie semble terne et pâle, irréelle, incapable de nous satisfaire.

Nous nous efforcerons plus loin de mettre en lumière certains détails. Pour le moment il faut insister sur le fait que ce sentiment merveilleux, non seulement de la bienheureuse absence de tout mal et de tout désaccord, mais encore de la présence constante, irrésistible, d'une joie universelle, est l'impression dominante qu'éprouve immédiatement l'homme, en entrant dans le monde céleste.

Or, tant qu'il y demeure, cette impression subsiste ; quelles que soient sa tâche et les possibilités supérieures d'exaltation spirituelle qui puissent s'ouvrir devant lui à mesure qu'il apprend à mieux connaître les ressources du monde nouveau où il se trouve, la félicité étrange, indescriptible, inexprimable que donne, à elle seule, l'existence dans un royaume semblable cette béatitude, dont la joie surabondante des autres est la source, ne le quitte jamais. Rien, ici-bas, n'y ressemble ; rien ne saurait en donner une idée. Supposez, si vous le pouvez, la vie exubérante de l'enfant transportée dans nos expériences spirituelles, puis multipliée bien des milliers de fois ; peut-être obtiendrez-vous ainsi une vague, une faible idée de la réalité. Encore une comparaison de ce genre est-elle d'une insuffisance pitoyable pour décrire ce qui défie la parole humaine : je veux parler de la formidable vitalité spirituelle du monde céleste. Une des manifestations de cette vitalité intense est l'extrême rapidité vibratoire de toutes les parcelles et de tous les atomes de la substance mentale. En théorie, nous savons tous que, même ici-bas sur le plan physique, aucune parcelle matérielle, fît-elle partie du plus dense des corps solides, n'est jamais, un seul instant, en repos. Néanmoins, quand nous acquérons la vue astrale, cette notion cesse d'être une simple théorie scientifique ; elle devient pour nous un fait positif, toujours présent ; nous comprenons l'universalité de la vie ; et cela d'une manière et à un degré qui nous étaient jusque-là impossibles ; notre horizon mental s'élargit et déjà nous entrevoyons dans la nature des possibilités qui, pour les personnes encore privées de la vue mentale, doivent sembler le plus extravagant des rêves.

Si le développement de la simple vue astrale et son application à l'épaisse matière physique entraînent de tels résultats, essayez d'imaginer l'effet produit sur le mental d'un observateur quand, après avoir abandonné notre plan physique et étudié en détail la vie bien plus intense et les vibrations infiniment plus rapides du plan astral, il voit s'ouvrir en lui un sens nouveau, transcendant, qui déroule à ses yeux ravis un monde nouveau, supérieur au dernier, monde dont la rapidité vibratoire dépasse autant celle du monde physique que la rapidité vibratoire de la lumière dépasse celle du son, monde où la vie omniprésente, qui sans cesse palpite autour de l'observateur et en lui-même, est d'un ordre absolument distinct et, pour ainsi dire, élevé à une puissance infiniment plus haute.

Un nouveau mode de connaissance

Le sens même qui rend ces constatations possibles n'est pas la moindre merveille du monde céleste. L'observateur n'entend, ne voit, n'éprouve plus de sensations tactiles par des organes distincts et bornés, comme il le fait ici-bas; il ne possède pas davantage la vue et l'ouïe prodigieusement développées dont il était doué sur le plan astral; à leur place, il sent la présence intérieure d'un pouvoir étrange et nouveau qui n'est aucun des sens astrals mais qui les comprend tous et leur est très supérieur; ce pouvoir lui permet, dès qu'il est en présence d'un être humain ou d'un objet quelconque, non seulement de le voir et de l'entendre, mais encore de le connaître instantanément, à l'intérieur et à l'extérieur, ainsi que ses causes, ses effets, ses possibilités, tout au moins en ce qui concerne le plan mental et les plans au-dessous. L'observateur découvre que penser et comprendre ne font qu'un. Jamais de doute, d'hésitation, ni de lenteur dans l'action directe de ce sens supérieur. Pense-t-il à un endroit, il s'y trouve — à un ami, son ami est en sa présence. Pour lui plus de malentendu possible. Comment pourrait-il être déçu ou trompé par aucune apparence extérieure, puisque, sur ce plan, il lit comme à livre ouvert chacune des pensées, chacun des sentiments de son ami ?

S'il a le bonheur de compter parmi ses amis une personne dont le sens supérieur soit éveillé, leur union sera d'une perfection impossible à comprendre ici-bas. Pour eux, plus de distance ni de séparation ; leurs sentiments ne sont plus cachés, ni partiellement exprimés en mots insuffisants ; questions et réponses sont inutiles, car les images mentales se lisent dès qu'elles se forment et l'échange des idées est aussi rapide que leur apparition lumineuse dans le champ intellectuel.

Toutes les branches du savoir s'ouvrent à leurs recherches — du moins tout ce qui n'est pas supérieur à ce plan déjà si exalté ; le passé de notre terre est sous leurs yeux comme le présent ; les annales indélébiles constituant la mémoire de la nature sont toujours à leur portée et l'histoire, ancienne ou moderne, se déroule quand ils le veulent devant eux ; ils ne sont plus à la merci de l'historien qui, souvent mal informé, est forcément plus ou moins partial ; ils peuvent, par eux-mêmes, étudier tel événement qui les intéresse, avec la certitude absolue de ne voir que « la vérité, toute la vérité et rien que la vérité » ; sont-ils conscients sur les niveaux supérieurs du plan mental, l'enchaînement de leurs vies passées se déroule devant eux comme un parchemin ; ils voient les causes karmiques de leur situation présente ; ils discernent le karma qui les attend encore, avant que « le long et triste compte puisse être arrêté » ; ils peuvent ainsi déterminer avec une certitude infaillible leur place exacte dans l'évolution.

Au lecteur qui me demanderait si l'avenir se lit aussi clairement que le passé, je répondrais que non, car cette faculté appartient à un plan plus élevé. Si, sur le plan mental, il est possible, dans une grande mesure, de prévoir les événements, la prévision n'y est point parfaite. C'est que, partout où intervient dans la trame du destin la main d'un homme développé, sa volonté puissante peut introduire des fils nouveaux et modifier le dessein de sa vie prochaine. La carrière de l'homme ordinaire, peu développé, qui ne possède point de volonté digne de ce nom, peut souvent être prévue d'une manière assez nette, mais, quand l'Ego prend hardiment en main son avenir, toute prévision exacte devient impossible.

Le milieu

Les premières impressions éprouvées par l'étudiant lorsqu'il pénètre, pleinement conscient, dans le plan mental, sont donc, habituellement, un bonheur intense, une vitalité indescriptible, une force prodigieusement accrue et la confiance parfaite qui en résulte. Que voit-il quand, mettant en jeu ses facultés nouvelles, il étudie le milieu où il est placé ? Il se trouve immergé dans ce qui lui semble être tout un univers de lumières, de couleurs et de sons toujours changeants, comme jamais, dans ses rêves les plus audacieux, son imagination n'en a conçu l'idée. Ici-bas, en vérité, les gloires du monde céleste sont des choses « que l'oeil n'a point vues, que l'oreille n'a point entendues et qui ne sont point venues dans l'esprit de l'homme »[2], et celui qui en a fait une seule fois l'expérience regardera toujours le monde d'un oeil très différent. Mais cette expérience a si peu de rapport avec nos connaissances du monde physique qu'en essayant de la décrire par des mots, l'auteur éprouve un curieux sentiment d'impuissance, étant absolument incapable, non seulement d'être à la hauteur de sa

---

[2] 1 Cor., II, 9.

tâche, car dès le commencement il en a perdu tout espoir, mais encore de donner la moindre idée du monde céleste à ceux qui ne l'ont pas eux-mêmes contemplé. Imaginez-vous vous-même, éprouvant la béatitude profonde et l'extraordinaire augmentation de force que nous venons de décrire, flottant dans un océan de lumière vivante, entouré de toutes les variétés de beauté pouvant s'exprimer par la couleur et par la forme. Le spectacle se modifie à chacune des ondes mentales projetées au dehors. A vrai dire — et l'observateur s'en aperçoit bientôt — ce n'est là que l'expression de sa pensée dans la matière du plan et dans son essence élémentale. Cette matière est de la même nature que celle dont le corps mental est lui-même composé; aussi, quand se produit la vibration des particules du corps mental appelée pensée, elle gagne immédiatement la substance mentale environnante, y éveille des vibrations synchrones, tandis qu'elle se reflète avec une fidélité absolue dans l'essence élémentale. Les pensées concrètes prennent naturellement la forme de leurs objets; les pensées abstraites, au contraire, sont généralement représentées par toutes sortes de formes géométriques, d'une perfection et d'une beauté extrêmes. Ne l'oublions pas cependant :

beaucoup de pensées qui ne sont guère ici-bas que de pures abstractions deviennent sur ce plan plus exalté des faits concrets.

On voit ainsi que, dans ce monde plus élevé, toute personne désirant pendant un temps réfléchir avec calme et s'isoler de tout ce qui l'entoure, peut littéralement vivre dans un monde à elle, sans interruption possible, et avec l'avantage additionnel de voir toutes ses idées (jusqu'à leurs conséquences extrêmes) passant devant ses yeux en une sorte de panorama. Veut-elle, par contre, étudier le plan où elle se trouve, il lui faudra pour l'instant suspendre très soigneusement toute activité mentale, cette activité pouvant par ses créations influencer autour de l'observateur la matière facile à impressionner et ainsi modifier entièrement les conditions de son étude.

Gardons-nous de confondre cette suspension de l'activité mentale avec le vide mental qu'ont pour but un si grand nombre de pratiques du Hatha Yoga. Dans ce dernier cas, le mental est réduit à un état de passivité absolue, afin qu'il ne puisse s'opposer, par aucune de ses propres pensées, à l'entrée d'une influence extérieure quelconque venant à s'approcher de lui — état qui ressemble fort à celui du médium ; dans le premier cas, au contraire, le mental est aussi en éveil et aussi positif que possible et se borne à suspendre momentanément sa pensée, afin d'empêcher l'équation personnelle de troubler, par son action intempestive, les observations qu'il se propose de faire.

Le visiteur du plan mental parvient-il à prendre cette attitude, il s'aperçoit que s'il a cessé d'être lui-même un centre de rayonnement dans ce monde prodigieux de lumière et de couleur, de formes et de sons, dont j'ai si inutilement tenté de donner une idée, il n'a pas pour cela cessé d'exister, car les harmonies et les lueurs éclatantes sont, au contraire, plus complètes et plus grandioses que jamais. Cherchant alors à s'expliquer ce phénomène, il commence à comprendre que toutes ces splendeurs ne sont pas un spectacle inutile et fortuit, une sorte d'aurore boréale dévakhanique ; il découvre que tout cela présente un sens et un sens qu'il peut lui-même saisir ; bientôt il constate que ce qu'il observe avec un tel ravissement est simplement le merveilleux langage en couleurs des Dévas, l'expression mentale ou la conversation d'êtres beaucoup plus élevés que lui sur l'échelle évolutive. Par l'expérience et la pratique, il découvre qu'il peut, lui aussi, employer cette nouvelle et admirable manière de s'exprimer et, de ce fait même, il entre en possession d'une autre et vaste région de l'héritage qui l'attendait dans le monde céleste : je veux dire la faculté d'y converser avec ses habitants supérieurs à l'homme et de recevoir leurs enseignements. Nous en reparlerons du reste plus longuement, quand nous aborderons cette partie de notre sujet.

Le lecteur doit comprendre maintenant pourquoi il était impossible de consacrer une section de cet ouvrage au paysage du plan mental, comme nous l'avions fait pour le plan astral. En réalité, les seuls paysages du plan mental sont ceux que chaque individu juge à propos de créer par ses propres pensées ; à moins de tenir compte de ce fait que les innombrables entités toujours en mouvement devant l'observateur offrent en elles-mêmes, très souvent, un spectacle de la plus transcendante beauté. Encore serait-il plus exact de dire — tant il est difficile d'exprimer en mots les conditions de cette vie supérieure — que tous les paysages possibles y sont réunis ; car toutes les beautés dont la terre, le ciel ou la mer peuvent nous faire concevoir l'idée sont présentées dans une plénitude et avec une intensité qui défient toute imagination. Mais, de toutes ces réalités splendides et vivantes, chaque homme voit uniquement ce qu'il a en lui-même la faculté de saisir, ce que le degré de développement atteint dans ses vies terrestre et astrale l'a rendu capable d'atteindre.

Les grandes ondes

Le visiteur désire-t-il pousser plus loin son analyse et se rendre compte de ce qu'est le plan mental, quand il n'est pas troublé par la pensée ou par la conversation d'aucun de ses habitants, il y parvient en s'entourant d'une énorme coque, impénétrable à toutes ces influences ; puis, conservant bien entendu son propre calme mental, il examine les conditions existant à l'intérieur de la coque.

S'il apporte à cette expérience un soin suffisant, il découvrira que l'océan lumineux est devenu non pas immobile, car ses particules ont gardé leurs vibrations intenses et rapides, mais en quelque sorte homogène. Les merveilleux éclairs colorés et les continuels changements de forme ne se produisent plus, mais l'observateur peut maintenant percevoir une série de pulsations régulières nouvelles, tout à fait différentes dissimulaient tout d'abord les autres phénomènes plus artificiels. Ces Pulsations sont manifestement universelles ; l'homme ne saurait s'entourer d'une coque assez résistante pour les arrêter ou les détourner ; elles ne produisent pas de variations de couleur et ne prennent pas forme ; leur courant traverse, avec une irrésistible régularité, toute la matière du plan mental, d'abord vers la périphérie, puis de nouveau vers le centre, semblable à l'expir et à l'inspir de je ne sais quel grand souffle.

Ces courants sont de natures diverses ; ils peuvent se distinguer nettement par leur ampleur, leur période vibratoire et la note sonore qui les accompagne. Il en est un, plus majestueux que les autres, dont le flot semble être le battement du coeur du système total, une vague qui sort, en bouillonnant, de centres inconnus appartenant à des plans bien supérieurs, répand partout sa vie dans notre monde puis, marée prodigieuse, s'en retourne et reflue vers sa source. Le courant s'avance, il s'allonge en ondulant et le son qui l'accompagne ressemble au murmure de la mer ; seulement ce murmure s'unit à un chant de triomphe immense, éclatant, ininterrompu — la musique même des sphères célestes. Impossible d'oublier complètement cet hymne glorieux chanté par la nature, même après l'avoir une seule fois entendu ; il retentit, comme en sourdine, jusque sur notre triste, notre illusoire plan physique et rappelle sans cesse la puissance, la lumière et la splendeur de la véritable vie qui règne là-haut.

Si l'observateur est pur de coeur et d'intelligence, s'il est arrivé à un certain degré de développement spirituel, il peut s'identifier, en conscience, avec la marche de cette vague merveilleuse, immerger en quelque sorte son esprit en elle et se laisser emporter par le courant vers sa source. Il le peut, ai-je dit, mais ce n'est pas prudent; à moins que son Maître ne Se tienne auprès de lui pour le soustraire à temps à cette attraction puissante. Autrement le courant, dans sa force irrésistible, l'emporterait plus loin, plus haut, vers des plans encore plus exaltés, dont son Ego ne saurait soutenir encore les splendeurs infiniment plus vastes; il perdrait connaissance, sans qu'il fût possible de dire quand, où, ni comment il redeviendrait conscient. Il est vrai que l'objet suprême de l'évolution humaine est l'unité; mais l'homme doit atteindre ce but final, pleinement et parfaitement conscient, comme un roi victorieux prend triomphalement possession de son héritage: il ne faut pas qu'il se laisse passivement absorber, réduit à un état d'inconscience inerte et touchant de près à l'annihilation.

Les mondes célestes inférieur et supérieur

Tout ce que nous avons, jusqu'ici, tenté de décrire peut être considéré comme s'appliquant à la subdivision la plus basse du plan mental, car ce royaume de la nature, tout comme les plans astral et physique, présente sept subdivisions. Les quatre niveaux inférieurs sont appelés, dans la littérature théosophique, les plans « roupa » ou plans de la forme ; ils constituent le monde céleste inférieur ; l'homme dont le développement est moyen y passe sa longue existence de béatitude entre deux incarnations. Les trois autres subdivisions sont appelées « aroupa », ou sans forme, et constituent le monde céleste supérieur ; le Moi qui se réincarne y est actif ; c'est la véritable patrie de l'âme humaine. Pourquoi ces noms sanscrits ? Parce que, sur les plans « roupa », chaque pensée se revêt d'une forme particulière, déterminée, tandis que sur les niveaux « aroupa » elle s'exprime, comme nous l'expliquerons tout à l'heure, d'une manière absolument différente. La distinction entre ces deux grandes divisions du plan mental, les niveaux « roupa » et « aroupa », est nettement marquée ; à vrai dire, elle est si réelle qu'elle nécessite la possession de véhicules de conscience différents.

Au monde céleste inférieur correspond le corps mental, au monde céleste supérieur le corps causal, ou véhicule que l'Ego qui se réincarne conserve existence après existence pendant toute la durée de la période évolutive. Une différence immense existe encore entre les deux niveaux : dans les quatre subdivisions inférieures, l'illusion peut, jusqu'à un certain point, subsister — non pas assurément pour la personne qui de son vivant y est pleinement consciente, mais pour l'homme peu développé que le changement d'existence appelé la mort y a fait passer. Les pensées les plus hautes et les aspirations dont il a été l'auteur pendant sa vie terrestre se groupent autour de lui et l'entourent d'une sorte de coque, de monde subjectif qui lui est propre ; vivant ainsi pendant toute la durée de son existence céleste, les gloires véritables du monde extérieur font sur lui très peu ou point d'impression ; pour lui, en général, rien de plus à voir que ce qu'il a sous les yeux.

Considérer ce nuage mental comme une limitation serait pourtant une erreur ; son rôle est de permettre à l'homme de répondre à certaines vibrations, mais non pas de lui rendre impossible la perception des autres. En réalité, ces pensées dont l'homme est entouré sont les facultés qui lui permettent de puiser dans les richesses du monde céleste. Le monde mental lui-même est un reflet de l'Intelligence Divine, un trésor sans limites, auquel l'homme qui jouit de la béatitude céleste peut puiser en raison directe de la force acquise par ses pensées et ses aspirations personnelles pendant les vies physique et astrale.

Dans le monde céleste supérieur, cette limitation n'existe plus ; bien que là-haut beaucoup d'Egos ne perçoivent le monde ambiant que faiblement et comme en rêve, du moins apprécient-ils d'une manière exacte le peu qu'ils sont capables de voir, car la pensée ne revêt plus les mêmes formes limitées que sur un niveau inférieur.

Action de la pensée

Nous étudierons, bien entendu, d'une manière beaucoup plus complète et dans un chapitre spécial, la nature exacte de l'activité mentale propre aux habitants humains de ces différents sous-plans, mais il est si nécessaire de saisir la manière dont agit la pensée sur les niveaux inférieur et supérieur, avant de pouvoir comprendre la nature précise de ces deux grandes divisions, qu'il ne sera peut-être pas sans utilité de présenter au lecteur quelques-unes des expériences faites par nos explorateurs afin d'élucider le présent sujet.

Dès le début de leurs investigations, il parut évident que, sur le plan mental comme sur le plan astral, il existait une essence élémentale tout à fait distincte de la matière même du plan, et qu'elle répondait, si possible, plus instantanément encore ici que sur le plan inférieur, à l'action de la pensée. Mais ici, dans le monde céleste, tout étant substance mentale, l'action mentale affectait d'une manière directe non seulement l'essence élémentale mais encore la matière constitutive du plan. Il fallut donc essayer de distinguer entre ces deux effets.

Après plusieurs expériences moins concluantes, on adopta une méthode qui permit d'apprécier avec une certaine précision les différents résultats produits. Un investigateur restant sur la subdivision inférieure, y émit des formes-pensées, tandis que ses collègues s'élevaient au niveau immédiatement supérieur afin d'observer, d'en haut, ce qui se passerait et d'éviter ainsi de nombreuses causes d'erreur. Dans ces conditions, on essaya d'envoyer une pensée affectueuse et encourageante vers un ami absent alors dans un pays lointain.

Le résultat fut très remarquable. Une sorte de coque vibrante, composée de la matière du plan, sortit de l'opérateur et se propagea autour de lui, absolument comme le cercle qui dans une eau calme se forme et s'élargit autour du point où s'immerge une pierre, mais avec cette différence qu'il s'agissait ici d'une sphère vibrante qui s'étendait suivant de nombreuses dimensions et non pas sur une simple surface horizontale. Ces vibrations, comme celles du plan physique, mais beaucoup plus graduellement, s'atténuèrent en s'éloignant de leur point de départ; arrivés à une distance immense elles parurent s'éteindre ou, du moins, devinrent si faibles qu'elles finirent par échapper à l'observateur.

Sur le plan mental, tout homme est donc un centre de pensée rayonnante; ce qui n'empêche pas tous les rayons émis de pouvoir se croiser sans le moindre inconvénient dans toutes les directions, tout comme le font ici-bas les rayons lumineux. La sphère vibrante et grandissante dont je viens de parler était multicolore et opaline, mais avec l'éloignement ses nuances finirent par s'éteindre.

Quant à l'effet produit sur l'essence élémentale du plan, il fut complètement différent. La pensée donna immédiatement naissance à une forme distincte d'apparence humaine, monochrome, mais offrant, dans cette couleur, des tons nombreux. Comme un éclair cette forme franchit l'océan; elle alla trouver l'ami auquel s'adressait la pensée affectueuse; là, se revêtant de l'essence élémentale du plan astral, et devenant ainsi un élément artificiel ordinaire propre à ce plan, elle attendit, comme nous l'avons expliqué en détail dans l'ouvrage traitant du plan astral, l'occasion de verser sur le destinataire les influences salutaires dont elle était chargée. En revêtant cette forme astrale, l'élémental devint plus terne, bien que sa nouvelle coque de matière inférieure laissât voir encore distinctement le rose vif qui le distinguait. Ceci montrait que la pensée originelle devenue l'âme de l'essence élémentale de son propre plan devenait, après avoir revêtu la forme d'un élémental du plan dévakhanique, l'âme de l'élémental astral. Ceci se rapproche beaucoup de la manière dont l'esprit pur revêt enveloppe après enveloppe, à mesure qu'il descend et traverse les différents plans et sous-plans matériels.

D'autres expériences analogues à la précédente permirent de constater que la couleur de l'élémental projeté variait avec le caractère de la pensée. Comme nous l'avons dit tout à l'heure, une pensée de profonde affection produisait une créature de couleur rose vif. Un désir passionné de guérir, projeté vers un ami malade, fit naître un ravissant élémental d'un blanc argenté, tandis qu'un effort mental soutenu, destiné à calmer et à réconforter une personne plongée dans l'accablement et dans le désespoir, eut pour résultat un admirable messager d'un jaune d'or resplendissant.

Dans tous les cas, le lecteur observera qu'à l'effet des couleurs rayonnantes et des vibrations produites dans la matière du plan se joignait une force bien caractérisée, présentant la forme d'un élémental et envoyée à la personne qui était l'objet de la pensée. Il en fut invariablement ainsi, sauf une seule et remarquable exception. L'un des opérateurs demeuré sur la division inférieure du plan, ayant dirigé une pensée d'amour et de dévotion intense vers l'Adepte qui est son instructeur spirituel, les personnes placées d'en haut, en observation, remarquèrent immédiatement que le résultat était en quelque sorte l'inverse des précédents.

Il faut dire d'abord que l'élève de tout Adepte est invariablement rattaché à son Maître par un courant ininterrompu de pensées et d'influences ; elles s'expriment sur le plan mental par un rayon ou flot immense, lumineux, éblouissant et multicolore — violet, or ou bleu. On pouvait donc s'attendre à ce que la pensée aimante et sincère de l'élève produisît dans ce rayon une vibration spéciale. Le résultat fut tout différent. Les couleurs du flot lumineux devinrent subitement plus vives, et un courant très visible d'influence spirituelle se dirigea *vers l'élève*. Il est donc évident que, lorsqu'un étudiant pense à son Maître, l'effet produit est en réalité d'assurer une effusion plus considérable de force et de secours issus des plans supérieurs. L'Adepte semble, en quelque sorte, accumuler à un tel degré en Sa personne les influences qui soutiennent et fortifient, qu'une pensée quelconque capable d'éveiller dans le canal de communication une activité plus grande, au lieu d'envoyer un courant vers l'Adepte, comme il arriverait dans un cas ordinaire, ouvre simplement à l'immense océan de Son amour un débouché plus large.

Sur les niveaux « aroupa », le caractère nouveau des résultats de l'action mentale est très marqué, particulièrement en ce qui concerne l'essence élémentale. L'agitation causée dans la matière particulière au plan ne change pas de nature, bien que, dans ce genre de matière beaucoup plus subtile, elle soit infiniment plus intense. Mais dans l'essence, il ne se crée plus aucune forme ; le mode d'action est tout autre. Dans toutes les expériences faites sur les niveaux inférieurs, on constata que l'élémental ne s'éloignait pas de la personne visée par la pensée, cherchant une occasion favorable pour projeter son énergie sur le corps mental de cette personne, sur son corps astral ou même sur son corps physique. Ici, au contraire, l'essence du corps causal du penseur se dirige en ligne droite, comme par un éclair, vers le corps causal de la personne qui est l'objet de la pensée. D'où il apparaît que si, sur les niveaux inférieurs la pensée s'adresse toujours à la personnalité, ici nous influençons l'Ego qui se réincarne, l'homme véritable. Notre message a-t-il trait à la personnalité, celle-ci le recevra seulement d'en haut, par l'intermédiaire de son véhicule causal.

Formes-pensées

Il va sans dire que les pensées visibles sur ce plan ne sont pas toutes directement adressées à autrui. Beaucoup ne sont créées que pour s'en aller à la dérive; leurs formes et leurs couleurs sont infiniment variées, si bien que leur étude constituerait à elle seule une science, et une science du plus haut intérêt. Une description détaillée, même en se bornant aux catégories principales, nous prendrait beaucoup plus de pages que nous ne pourrions en consacrer à cette question. La citation suivante, empruntée à un article des plus suggestifs publié par Mrs Besant dans *Lucifer* (devenu plus tard *The Theosophical Review*) de septembre 1896, pourra cependant donner une idée des principes qui permettraient de former des catégories semblables. L'auteur y pose les trois grands principes sur lesquels repose la production des formes-pensées engendrées par l'action mentale : 1° la qualité d'une pensée détermine sa couleur ; 2 ° la nature d'une pensée détermine sa forme ; 3 ° la précision d'une pensée détermine la netteté des contours. Après avoir montré par des exemples comment la couleur est impressionnée, l'auteur ajoute : « Si les corps astral et mental vibrent sous l'influence de la dévotion, une teinte bleue se répandra sur l'aura, teinte plus ou moins vive, belle et pure, suivant la profondeur, l'élévation et la pureté de sentiment éprouvé. Dans une église, l'observateur peut voir naître des formes-pensées semblables, généralement assez vagues dans leurs contours, mais formant des masses mouvantes de nuages bleus. Trop souvent la couleur en est ternie par la présence de sentiments égoïstes, et le bleu, mélangé à des tons bruns, perd son brillant et sa pureté. Mais la pensée fervente d'un coeur généreux est d'une exquise beauté ; elle ressemble au bleu profond d'un ciel d'été. Dans ces nuages bleus apparaîtront souvent des étoiles d'or très brillantes, s'élevant en gerbe comme une pluie d'étincelles.

« La colère se traduit par le rouge de toutes nuances, allant du rouge brique au vermillon écarlate vif ; la colère brutale se manifeste par des lueurs d'un rouge sale, jaillissant de nuages brun foncé, tandis qu'à la noble indignation correspond un vermillon intense qui n'est pas sans beauté, mais qui éveille dans l'observateur une vibration pénible.

« L'affection fait naître des nuages rosés d'un ton variable ; ils sont d'un cramoisi terne quand l'amour est d'une nature animale, d'un rose vif mélangé de brun quand il est égoïste et de vert terne quand il est jaloux. La gamme va jusqu'aux tons rosés les plus exquis et les plus délicats, rappelant les premières lueurs de l'aurore. L'amour s'est alors purifié de tout élément égoïste ; sa compassion et sa généreuse tendresse, où tout élément personnel a disparu, se propagent en ondes sans cesse grandissantes, pour atteindre tous ceux qui ont besoin de son secours.

« L'intellect produit des formes-pensées jaunes. La raison pure mise en jeu pour atteindre un but spirituel donne lieu à un jaune très délicat et très beau ; appliquée à des fins plus égoïstes pouvant avoir un caractère ambitieux, elle donne des tons plus foncés ; c'est alors l'orangé pur et intense. » (*Lucifer*, vol. XIX, p. 71).

Il faut naturellement se rappeler que la citation qui précède décrit à la fois les formes-pensées astrales, et que certains des sentiments mentionnés ont besoin, pour pouvoir s'exprimer, de la matière du plan inférieur comme de celle du plan supérieur. Mrs Besant donne ensuite des exemples de formes admirables, semblables à des fleurs et à des coquillages et que revêtent parfois nos pensées les plus élevées ; elle cite aussi d'une manière particulière le cas assez fréquent où la pensée, prenant une forme humaine, risque d'être prise pour une apparition.

« Une forme-pensée peut prendre l'apparence de son auteur. Lorsqu'une personne veut, avec résolution, être présente en un lieu déterminé ou bien visiter une autre personne et s'en faire voir, la forme-pensée peut reproduire son image, si bien qu'un clairvoyant présent dans ce lieu croirait voir dans l'apparition son ami revêtu du corps astral.

Une forme-pensée de ce genre peut transmettre un message si cette préoccupation à contribué à la faire naître ; elle éveille alors dans la personne qu'elle atteint des vibrations semblables aux siennes, vibrations que le corps astral transmet au cerveau et que celui-ci, à son tour traduit par une pensée ou par une phrase. Ou bien encore la forme-pensée transmet à son auteur, grâce au lien magnétique qui les unit, les vibrations qui se sont imprimées en elle . » (p. 73).

Le lecteur désireux de bien comprendre cett partie très complexe de notre étude devra lire avec le plus grand soin l'article tout entier. Les planches en couleur remarquablement exécutées qui accompagnent le texte donnent, beaucoup mieux que toutes les descriptions moins récentes, aux personnes encore incapables de voir par elles-mêmes, une idée approximative de ce que sont en réalité les formes-pensées[3].

---

3 V. le nouvel ouvrage de Mrs Besant et C.-W. Leadbeater : *Les Formes-Pensées*, trad. franc., Paris, Société de Publ. Théos-., 1905.

Les sous-plans

Mais, me demandera le lecteur, en quoi diffèrent, au point de vue de la matière constitutive, les différents sous-plans du plan mental ? Il est difficile de répondre à cette question autrement qu'en termes très généraux, car le malheureux scribe prodigue ses adjectifs jusqu'au dernier dans ses efforts pour décrire le plan inférieur, après quoi il ne lui reste plus rien à dire sur les autres. Que dire, en effet, sinon que la matière, dans notre marche ascendante, devient de plus en plus fine, les harmonies plus complètes, la lumière plus vivante et plus diaphane ? A mesure que nous nous élevons, le son devient plus complexe, les couleurs s'enrichissent de plus de nuances secondaires, enfin, successivement, des couleurs nouvelles se manifestent, complètement ignorées de l'oeil physique.

Comme il a été dit, en termes poétiques, mais exacts : la lumière du plan inférieur est l'obscurité du plan qui lui succède. Peut-être cette idée paraîtra- t-elle plus simple, en prenant intellectuellement comme point de départ le sommet plutôt que le pied de l'échelle et en essayant de comprendre que la matière du sous-plan le plus élevé est animée, vivifiée par une énergie qui ne cesse, comme une lumière, de descendre vers lui, énergie appartenant à un plan qui n'a plus rien de commun avec le plan mental. Passant alors à la deuxième subdivision, nous constaterons qu'elle a pour énergie la matière de notre premier sous-plan ou, en termes plus précis, que l'énergie primitive, plus le vêtement matériel dont elle s'est revêtue en passant dans le premier sous-plan, est encore l'énergie qui sert d'âme à la matière du deuxième sous-plan. De même, dans la troisième division, nous verrons l'énergie originelle revêtue comme d'un double voile par la matière des premier et deuxième sous-plans qu'elle a traversés. Si bien qu'en atteignant notre septième subdivision, nous trouverons l'énergie primitive emprisonnée ou voilée six fois et, par conséquent, devenue beaucoup plus faible et moins active. Cette progression correspond exactement à la manière dont se voile Atma, l'Esprit originel, lorsque, se trouvant encore à l'état d'essence monadique, il descend pour vitaliser la matière des plans cosmiques ; comme elle se reproduit fréquemment dans la nature, l'étudiant facilitera beaucoup sa tâche en essayant de se familiariser avec cette idée. (V. *La Sagesse Antique*, par Mrs Besant, p. 71 et la note, éd. franc.).

Les archives du passé

En traitant des caractères généraux du plan mental, nous ne devons pas oublier de mentionner le fonds, toujours présent, constitué par les événements passés, par la mémoire de la nature, cette unique histoire vraiment fidèle de notre globe. Ce que nous donne le plan mental n'est pas encore l'histoire dans sa vérité absolue, mais seulement le reflet de quelque chose de plus transcendant encore. Il n'en est pas moins certain que le passé se présente à nous avec clarté, précision, continuité. Rien de semblable aux manifestations intermittentes et sans régularité qui, seules, dans le monde astral, nous dévoilent le passé. Pour que nous puissions accepter avec confiance les tableaux du passé décrits par un clairvoyant, il faut donc qu'il possède la vision du plan mental et encore devrons-nous admettre que le clairvoyant puisse se tromper en rapportant ici-bas le souvenir de ce qu'il a vu, s'il n'a pas la faculté de passer en pleine conscience du plan mental au plan physique. Quant à l'étudiant qui est parvenu à développer ses facultés latentes au point de pouvoir employer, pendant qu'il occupe encore son corps physique, le sens spécial au plan mental, il voit s'ouvrir devant ses regards une perspective de recherches historiques du plus passionnant intérêt. Non seulement il peut, à volonté, passer en revue toutes les périodes historiques qui nous sont connues et rectifier, au cours de son examen, les erreurs et les notions fausses dont sont entachées si souvent les relations qui sont parvenues jusqu'à nous, mais encore parcourir, s'il le désire, toute l'histoire du monde depuis ses commencements, voir grandir lentement l'intellect humain, suivre la descente des Seigneurs de la Flamme et le développement des civilisations dont Ils ont été les fondateurs.

Son étude ne se limitera pas, d'ailleurs, aux seuls progrès de l'homme, car il a sous les yeux, comme dans un musée, toutes les étranges formes animales et végétales qui, jadis, quand le monde était jeune, occupaient la scène terrestre ; il peut suivre toutes les merveilleuses transformations géologiques et contempler les grands cataclysmes qui, périodiquement, ont transformé la face du globe.

Nombreuses et variées sont les possibilités auxquelles ces annales donnent naissance — si nombreuses et si variées que, dût cet avantage être le seul offert par le plan mental, il suffirait à le rendre plus intéressant que tous les mondes moins élevés. Ajoutons à ce qui précède toutes les occasions nouvelles et plus élevées propres au plan mental le privilège de pouvoir entrer en rapport, directement et sans entraves, non seulement avec le grand royaume Déva, mais encore avec les Maîtres de la Sagesse eux-mêmes — le repos, le soulagement qu'amène une béatitude profonde et inaltérable succédant à la fatigue et à la tension de l'existence physique — et nous commencerons à entrevoir l'avantage obtenu par l'étudiant quand il a conquis le droit d'entrer, à volonté et en pleine conscience, en possession de son héritage dans ce lumineux royaume du monde céleste.

LES HABITANTS

Essayons maintenant de décrire les habitants du plan mental. Peut-être ferons-nous bien de les ranger en trois grandes classes, ainsi que nous l'avons fait dans notre manuel, le *Plan Astral* — les Humains, les Non-Humains et les Artificiels — bien qu'ici les subdivisions soient naturellement moins nombreuses, les conséquences des passions humaines dont le plan inférieur est peuplé ne trouvant point de place sur le niveau mental.

I. — Habitants humains.

Tout comme dans l'étude du monde astral, il sera utile de subdiviser les habitants humains du mental en deux groupes, — ceux qui sont encore attachés à un corps physique et ceux qui n'en possèdent plus, — les vivants et les morts, ainsi qu'on a, bien à tort, l'habitude de les appeler. Une très légère expérience des plans supérieure suffit pour transformer totalement l'idée que se faisait l'étudiant des changements amenés par la mort. Dès que sa conscience s'ouvre au plan astral et bien plus encore lorsqu'elle s'ouvre au plan mental, il s'aperçoit que la plénitude de la véritable vie est une chose qui jamais ne pourra être goûtée ici-bas, et qu'en abandonnant ce monde physique, loin de quitter la véritable vie, nous allons vers elle. La langue française ne possède pas de termes à la fois commodes et précis pour exprimer ces conditions d'existence. Peut-être les mots « incarnés » et « désincarnés » seront-ils, en somme, les moins susceptibles de faire naître des notions inexactes. Ainsi, considérons d'abord les habitants du plan mental qui se rangent dans le groupe que nous avons nommé.

Les incarnés

Les êtres humains qui, encore attachés à un corps physique, se meuvent en pleine conscience et en pleine activité sur le plan mental, sont invariablement soit des Adeptes, soit leurs élèves initiés. Tant qu'un étudiant n'a pas appris de son Maître la manière d'employer le corps mental, il est incapable de circuler librement, même sur les niveaux inférieurs. Pour être actif et conscient sur les niveaux supérieurs pendant la vie physique, il faut être plus avancé encore, car, pour l'homme, cette faculté est synonyme d'unification. En d'autres termes, cessant d'être ici-bas une simple personnalité plus ou moins influencée par l'individualité qui est au-dessus d'elle, il devient cette individualité ; emprisonné dans un corps qui le paralyse, il possède néanmoins en lui les pouvoirs et les connaissances d'un Ego très développé.

Pour l'homme parvenu à les distinguer, ces Adeptes et ces initiés offrent un spectacle incomparable : ils lui apparaissent comme des sphères splendides, lumineusement colorées, mettant en fuite toute influence mauvaise, agissant sur tous ceux qui les approchent comme le soleil sur les fleurs et faisant naître autour d'eux une paix et un bonheur dont souvent ceux mêmes qui ne les voient point éprouvent le sentiment. C'est dans le monde céleste que s'accomplit en grande partie la tâche la plus importante des Adeptes, particulièrement sur les niveaux supérieurs où l'individualité peut être directement influencée. C'est de ce plan qu'ils répandent dans le monde intellectuel les courants spirituels les plus puissants; là aussi prennent naissance, par leurs soins, toutes sortes de mouvements grands et utiles; c'est encore sur ce niveau que la force spirituelle libérée par le renoncement sublime des Nirmanakayas est, en grande partie, distribuée; c'est là, enfin, que sont directement instruits certains élèves suffisamment avancés, car l'instruction s'y donne plus facilement et plus complètement que sur le plan astral. Les élèves, tout en exerçant leur activité sous ces formes multiples, se livrent encore à une grande tâche parmi ceux que nous appelons les morts; mais ceci trouvera sa place dans un autre chapitre.

L'observateur constate avec plaisir l'absence presque complète d'une catégorie d'habitants qui ne s'imposait que trop à son attention sur le plan astral. Dans un monde caractérisé par l'altruisme et la spiritualité, le magicien noir et ses élèves ne sauraient évidemment trouver place; car le mode d'action des écoles noires est fondé sur l'égoïsme, et leur étude des forces occultes ne repose que sur des considérations personnelles. Dans beaucoup de ces écoles, l'intellectualité est assurément très développée; par suite, la matière constitutive du corps mental est, sur certains points, d'une activité et d'une sensibilité extrêmes; mais ces points, se rattachant invariablement à un désir personnel quelconque, ne peuvent trouver à s'exprimer que dans la partie inférieure du corps mental, enchevêtré d'une façon presque inextricable avec la matière astrale. Comme conséquence forcée de cette limitation, l'activité de ces personnes ne peut guère s'exercer en dehors des plans physique et astral. Il se peut, sans doute, qu'un homme dont la vie n'a cessé de montrer un caractère malfaisant et égoïste consacre certains moments à la pensée purement abstraite; il est alors à même d'utiliser son corps mental s'il en a appris l'emploi; mais dès qu'intervient l'élément personnel, que s'affirme le désir d'atteindre un but mauvais, la pensée cesse d'être abstraite et l'homme se retrouve, une fois de plus, agissant dans la matière astrale qui lui est si familière. S'il était permis de s'exprimer ainsi, je dirais qu'un magicien noir ne peut agir sur le plan mental que lorsqu'il oublie qu'il est magicien noir. Mais l'oubliât-il, il ne serait visible sur le plan mental que pour les personnes qui y sont activement conscientes, et jamais (ceci est absolument impossible) pour celles qui après leur mort jouissent dans cette région du repos céleste, chacune d'elles étant isolée dans le monde de ses propres pensées, au point que rien d'extérieur ne saurait l'affecter; elle est donc absolument en sûreté. Ainsi se trouve justifiée l'ancienne et belle description du monde céleste, de ce lieu « où les méchants cessent de nuire et où les âmes lasses trouvent le repos ».

Dans le sommeil ou dans la transe

Quand il s'agit des habitants encore incarnés du plan mental, une question très naturelle se pose à l'esprit : est-il possible aux personnes ordinaires, pendant leur sommeil, ou aux personnes psychiquement développées en état de transe, de jamais pénétrer dans ce plan ? Dans les deux cas, la réponse est la même ; cela peut arriver, mais c'est extrêmement rare. Une vie et des intentions pures seraient une condition *sine qua non* ; d'ailleurs, en admettant que le plan mental fût atteint, ces personnes, bien loin d'y être vraiment conscientes, seraient tout au plus capables de recevoir certaines impressions.

Nous pouvons ici rapporter un incident qui marqua les expériences faites sur la conscience à l'état de rêve par la Loge de Londres de la Société Théosophique — expériences mentionnées dans mon petit ouvrage sur le *Rêve* ; il montrera la possibilité d'atteindre le plan mental pendant le sommeil. Le lecteur au courant de cette étude se souviendra peut-être que le tableau mental d'un admirable paysage des tropiques fut présenté à différentes catégories de personnes endormies, afin de constater à quel point elles s'en souviendraient au réveil. L'un des cas observés ne se rapportant pas spécialement au phénomène du rêve, et omis pour cette raison dans le compte rendu déjà publié, trouvera sa place ici.

Il s'agissait d'une personne de pensées pures, douée de facultés psychiques marquées, mais développées sans méthode. Quand le tableau mental lui fut présenté, il produisit en elle un résultat assez surprenant. L'intensité de la joie et de la vénération, l'élévation et la spiritualité des pensées provoquées par ce spectacle sublime furent telles que la conscience de la personne endormie passa tout entière dans le corps mental ou, en d'autres termes, s'éleva jusqu'au plan mental. Il ne faudrait pas cependant en conclure que le sujet pût dès lors observer son entourage nouveau ni en comprendre les véritables conditions d'existence ; il était simplement dans l'état de la personne ordinaire arrivant après la mort au plan mental ; plongé dans une mer de lumière et de couleurs mais, en même temps, entièrement absorbé dans ses propres pensées, en dehors desquelles rien n'existait pour lui, il contemplait avec transport le paysage et toutes les idées que ce spectacle lui avait suggérées. Bien entendu, cette contemplation était accompagnée de la vue plus pénétrante, de la compréhension plus vive et de l'énergie intellectuelle plus active qui caractérisent le plan mental, sans que la béatitude profonde dont nous avons si souvent parlé subît la moindre interruption. La personne endormie passa plusieurs heures dans cet état, sans paraître consciente de la fuite du temps : lorsqu'enfin elle s'éveilla, elle éprouvait un sentiment de paix profonde et de joie intérieure qu'elle ne savait comment expliquer, n'ayant conservé aucun souvenir de ce qui s'était passé. Nul doute cependant qu'une expérience semblable, retenue ou non par la mémoire physique, n'accélère d'une façon marquée l'évolution spirituelle de l'Ego.

Il faudrait, pour risquer une affirmation positive, un nombre suffisant d'expériences, mais il semble à peu près certain qu'un résultat comme celui dont la description précède ne serait possible que dans le cas où le sujet aurait atteint un certain degré de développement psychique. La même condition serait plus nécessaire encore s'il s'agissait pour un sujet magnétisé d'atteindre pendant sa transe le plan mental. Ceci est tellement vrai que, sur mille clairvoyants ordinaires, il n'en est probablement pas un seul qui arrive jusque-là. Dans les cas exceptionnels où le plan mental est atteint, il faut, comme je viens de le dire, non seulement que le clairvoyant soit remarquablement développé, mais aussi que sa vie et ses intentions soient pures. D'ailleurs, en admettant que toutes ces conditions si rares puissent être réunies, il resterait la difficulté toujours éprouvée par un psychique inexpérimenté lorsqu'il veut traduire sur le plan inférieur ce qu'il a vu sur le plan supérieur. Toutes ces considérations ne font, bien entendu, que mettre en lumière l'importance d'un point sur lequel nous avons bien souvent insisté ; je veux parler de la nécessité d'entraîner soigneusement tous les psychiques sous la direction d'un instructeur compétent, avant qu'il soit possible d'ajouter foi à leurs rapports.

Les désincarnés

Avant de considérer en détail la condition des personnes désincarnées séjournant dans les différentes subdivisions du plan mental, il importe de comprendre très clairement la différence entre les niveaux « roupa » et les niveaux « aroupa », dont nous avons parlé plus haut. Sur les premiers, l'homme vit exclusivement dans le monde de ses propres pensées et continue à s'identifier d'une manière complète avec la personnalité qui était sienne pendant sa vie dernière ; sur les seconds l'homme est simplement l'Ego ou âme qui se réincarne périodiquement. Cet Ego, en admettant qu'il soit devenu sur ce plan suffisamment conscient pour y discerner quoi que ce soit avec netteté, comprend, du moins dans une certaine mesure, la nature de son évolution et la tâche qui lui incombe.

Tout homme, ne l'oublions pas, traverse ces deux niveaux entre la mort et la naissance, mais la plupart des Egos, par suite de leur développement rudimentaire, sont encore si peu conscients sur l'un et sur l'autre que c'est, pourrait-on dire en termes plus exacts, en rêvant qu'ils les traversent. Il n'en est pas moins vrai que tout être humain doit toucher, consciemment ou inconsciemment, les niveaux supérieurs du plan mental avant de pouvoir se réincarner. A mesure que son évolution progresse, ce contact devient pour lui plus défini et plus réel. Non seulement l'Ego, à mesure qu'il se développe, devient plus conscient de ce monde de la réalité, mais encore le temps qu'il y passe devient plus long. De fait, sa conscience s'élève lentement et sûrement à travers les différents plans du système. L'homme primitif, par exemple, est relativement peu conscient sur les plans autres que le plan physique pendant sa vie et le plan astral après sa mort. Aujourd'hui même nous pourrions en dire autant de tout homme encore sans développement. Une personne un peu plus avancé fait pour la première fois un court séjour dans le monde céleste (sur les niveaux inférieurs, bien entendu), mais n'en passe pas moins sur le plan astral la plus grande partie de l'intervalle séparant deux incarnations successives. A mesure qu'elle progresse, elle voit son existence astrale devenir plus courte et son existence céleste plus longue ; lorsque enfin elle acquiert, avec l'intellectualité, la mentalité spirituelle, elle traverse le plan astral presque sans arrêt et goûte, sur le plus affiné des niveaux mentaux inférieurs, des joies prolongées. Dès lors, la conscience du véritable Ego sur son niveau supérieur s'étant dans une très large mesure éveillée, sa vie consciente sur le plan mental se divise en deux périodes, dont la seconde et la plus brève s'écoule dans le corps causal sur les sous-plans les plus élevés.

Puis le processus que nous venons de décrire se répète : la vie sur les niveaux inférieurs devient graduellement plus courte et la vie supérieure progressivement plus longue et plus complète, jusqu'au jour où enfin la conscience s'unifie, où le moi supérieur et le moi inférieur sont indissolublement unis, où l'homme est désormais incapable de s'enfermer dans un nuage mental particulier et de prendre le peu que le rideau lui permet d'apercevoir pour l'immense monde céleste qui l'environne — où, comprenant quelles hauteurs sa vie peut atteindre, il commence à vivre pour la première fois. D'ailleurs, avant même d'atteindre ces sommets, il se sera engagé dans le Sentier, il aura pris définitivement en main le soin de ses progrès futurs.

Qualités nécessaires pour atteindre la vie céleste

La vie céleste est plus réelle que la vie terrestre : c'est là un fait que rend évident l'examen des conditions à réunir pour atteindre ce mode supérieur d'existence. Les qualités que l'homme doit acquérir pendant sa vie terrestre, s'il veut pouvoir après sa mort vivre dans le monde céleste, sont précisément les qualités, regardées par les meilleurs et les plus nobles représentants de notre race comme véritablement et constamment désirables. Sur ce plan, une aspiration, une force mentale, ne peut vivre et subsister que si l'altruisme est son caractère distinctif.

L'affection éprouvée pour leur famille ou pour leurs amis assure à beaucoup d'hommes la vie céleste ; il en est de même de la dévotion religieuse. Pourtant ce serait une erreur de supposer que toute affection ou que toute dévotion doive nécessairement trouver, après la mort, à s'exprimer sur ce niveau. De chacune de ces qualités il existe évidemment deux genres, l'égoïste et l'altruiste, bien que dans l'un et l'autre cas, c'est la dernière qui seule mérite ce nom.

Il y a l'amour qui se donne tout entier à son objet, sans rien demander en retour, et qui toujours s'oublie, n'ayant d'autre pensée que ce qu'il peut faire pour l'être aimé. Un sentiment semblable génère une force spirituelle et cette force ne peut trouver à s'exprimer entièrement que sur le plan mental. Mais il existe encore une autre émotion nommée parfois amour ; c'est une passion exigeante, égoïste ; être aimé, c'est là surtout ce qu'elle désire ; elle se distingue par la préoccupation constante de recevoir plutôt que de donner, et risque fort de dégénérer, à la moindre provocation ou sans provocation aucune, en un vice horrible, la jalousie. Voilà un genre d'affection qui ne renferme aucun germe de développement mental ; jamais les forces qu'elle met en jeu ne s'élèveront au-dessus du plan astral.

On pourrait en dire autant du sentiment éprouvé par une catégorie, fort nombreuse d'ailleurs, de personnes religieuses et dévotes dont l'idée fixe n'est pas la gloire de la divinité, mais bien la manière de sauver leurs âmes. Impossible de ne pas se demander, en les étudiant, si vraiment elles ont déjà développé en elles-mêmes un principe digne d'être appelé une âme.

Nous trouvons, d'autre part, la véritable dévotion religieuse qui jamais ne pense à soi, et n'éprouve que de l'amour et de la reconnaissance envers sa divinité ou envers son guide, embrasée par le désir d'agir pour lui ou en son nom. Un sentiment pareil a souvent pour résultat une vie céleste prolongée et d'une nature comparativement élevée.

Il en est ainsi, bien entendu, quels que soient la divinité ou le chef religieux. Les sectateurs de Bouddha, de Krishna, d'Ormuzd, d'Allah et du Christ obtiennent tous leur part de béatitude céleste, dont la durée et la qualité sont subordonnées pour eux à la vivacité et à la pureté du sentiment qu'ils éprouvent, et en aucune manière à l'objet de leur dévotion. Il n'en est pas moins certain que de ce dernier dépend la possibilité de recevoir l'instruction pendant l'existence supérieure qui est celle du monde céleste.

Mais la dévotion humaine, comme l'amour humain, n'est ni entièrement pure ni entièrement égoïste. Qu'il serait abject l'amour où n'entrerait aucune pensée, aucun élan dénués d'égoïsme ! D'autre part, une affection dont le caractère habituel et dominant est l'élévation et la pureté, peut quelquefois se trouver troublée par un spasme de jalousie ou par une pensée momentanément égoïste. De toute façon, la loi de la justice éternelle établit infailliblement une distinction. Si l'éclair fugitif d'un sentiment plus élevé, illuminant le coeur le moins développé, trouve sûrement sa récompense dans le monde céleste, alors même que rien dans la vie terrestre n'a donné à l'âme la possibilité de s'élever au-dessus du plan astral, la pensée plus vile qui naguère ternit le saint rayonnement de l'amour vrai épuise son action dans le monde astral sans nuire en rien à la glorieuse vie céleste qui résulte immanquablement d'une affection profonde, nourrie pendant de longues années terrestres.

Comment l'homme parvient pour la premiere fois à la vie terrestre

Dans les premiers stades évolutifs, beaucoup de ces Egos retardataires n'atteignent donc jamais le monde céleste, tandis qu'un nombre plus considérable encore n'obtiennent qu'un contact relativement court avec certains des plans inférieurs. Toute âme, bien entendu, doit s'immerger dans son individualité véritable sur les niveaux supérieurs avant de se réincarner, mais il ne s'ensuit pas qu'elle possède dans cette condition rien qui puisse vraiment s'appeler conscience. Nous développerons cette partie de notre sujet quand nous aborderons l'étude des plans « aroupa ». Peut-être vaut-il mieux commencer par le plus bas des plans « roupa » et nous élever progressivement. Laissant donc de côté pour le moment cette partie de l'humanité dont l'existence consciente après la mort, est, en somme, limitée au plan astral, considérons le cas d'un homme qui vient de s'élever au-dessus de ce plan et dont la conscience, pour la première fois, s'éveille faiblement et pendant un instant dans la subdivision inférieure du monde céleste.

Il existe assurément différentes méthodes permettant à l'âme, quand son développement commence, de faire ce grand pas en avant ; mais pour l'instant un exemple suffira. Voici un fait, touchant dans sa simplicité, emprunté à la vie réelle et noté par nos étudiants lorsqu'ils examinaient cette question. L'agent des grandes forces évolutives était une pauvre couturière qui habitait un des recoins les plus misérables et les plus sordides de notre horrible Londres de l'East End, une cour fétide où pénétraient à peine la lumière et l'air. Cette femme, naturellement, était peu instruite, car sa vie se résumait en un long et dur labeur dans les conditions les plus défavorables, mais c'était quand même une charitable et bienveillante personne, débordant d'amour et de bonté pour tous ceux qui l'approchaient. Il n'y avait peut-être pas, dans cette cour, de logement plus pauvre que le sien ; mais ses chambres étaient plus propres et mieux tenues que les autres. Elle n'avait pas d'argent à donner, quand la maladie venait rendre plus profonde que de coutume la détresse d'un de ses voisins, mais ne manquait pas, en ce cas, d'être présente toutes les fois qu'elle pouvait s'échapper un instant et d'offrir, dans sa sympathie toujours en éveil, les services qu'elle était à même de rendre. Si bien qu'elle était devenue la providence des grossières et ignorantes ouvrières d'usine qui l'entouraient et qui peu à peu finirent par la regarder comme une sorte d'ange secourable et compatissant, toujours à leur portée dans les jours de malheur ou de maladie. Souvent, à la fin d'une journée de travail presque ininterrompu, elle veillait la moitié de la nuit au chevet d'un des nombreux malade qui jamais ne manquent dans un « slum » de Londres, tant les conditions d'existence y son contraires au bonheur et à la santé. Dans bien des cas, la reconnaissance et l'affection qu'éveillait dans le coeur de ces pauvres gens son inlassable bonté étaient absolument les seuls sentiments élevés éprouvés par eux au cours de leur vie grossière et abjecte.

Étant donné les conditions d'existence qui régnaient dans cette cour, on comprendra sans peine que certains malades succombèrent. Mais alors, il devint évident que la couturière leur avait rendu un service beaucoup plus grand qu'elle ne pouvait supposer ; si elle leur avait donné un peu d'aide amicale dans leurs peines temporaires, elle avait en même temps fait faire à leur évolution spirituelle un progrès important. C'étaient, en effet, des âmes encore peu développées, appartenant à une catégorie très retardataire ; jamais, dans aucune de leurs incarnations, elles n'avaient encore mis en action les forces spirituelles qui seules pouvaient leur assurer sur le plan mental une existence consciente. Maintenant, pour la première fois, un idéal à leur portée leur avait été montré ; bien plus, un amour réellement pur d'égoïsme s'était éveillé en elles par la charité de cette femme ; le seul fait d'éprouver un sentiment aussi fort les avait relevées et renforcées dans leur individualité ; aussi, quand se termina leur séjour sur le plan astral, apprirent-elles pour la première fois à connaître le niveau le plus bas du monde céleste. Pour elles ce n'était encore sans doute qu'une expérience fugitive et bien rudimentaire, mais cette expérience était beaucoup plus importante qu'on ne pourrait à première vue le supposer. L'oubli de soimême est une grande énergie spirituelle qui, du jour où elle s'éveille en nous, acquiert, par le fait même qu'elle porte ses fruits dans le monde céleste, une tendance à se renouveler. Cette première effusion, peut-être très faible, n'en communique pas moins à l'âme les germes d'une qualité qui certainement trouvera son expression dans la prochaine incarnation.

 Voilà comment la douceur et la bonté d'une pauvre couturière ont pu donner à plusieurs âmes moins avancées la possibilité de goûter consciemment, pour la première fois, une vie spirituelle qui ne cessera de grandir d'incarnation en incarnation et d'influencer de plus en plus dans l'avenir les existences terrestres. Cette anecdote ne semble-t-elle pas expliquer pourquoi les différentes religions attachent tant d'importance à l'élément personnel dans la charité : je veux dire aux rapports directs établis entre le donateur et son obligé ?

Septième sous-plan, le ciel inférieur

La subdivision la plus basse du monde céleste, subdivision que notre pauvre couturière permettait à ses protégés d'atteindre, est surtout caractérisée par l'affection envers la famille ou les amis, affection sans égoïsme, bien entendu, mais généralement un peu étroite. Il convient ici d'éviter un malentendu possible. Quand il est dit que les affections de famille donnent accès au septième sous-plan céleste, et la dévotion religieuse au sixième, on se figure souvent, et c'est fort naturel, qu'une personne présentant ces deux caractéristiques d'une façon marquée partage son séjour dans le monde céleste entre ces deux subdivisions ; qu'elle goûte tout d'abord au sein de sa famille une longue félicité, puis s'élève au niveau supérieur pour y puiser les forces spirituelles engendrées par ses aspirations pieuses.

Il n'en est rien cependant. Dans le cas envisagé, l'homme s'éveillerait à la conscience de la sixième subdivision ; là, entouré des êtres qui lui ont été si chers, il se livrerait à la dévotion la plus élevée qu'il serait susceptible d'éprouver. En y réfléchissant, cette solution est logique : il va de soi que chez l'homme accessible à la dévotion religieuse comme aux simples affections familiales, cette dernière vertu a sans doute acquis plus de développement que chez un homme dont le mental ne se prête qu'à un seul genre d'influence. Cette règle est invariable, jusqu'aux niveaux les plus exaltés. Le plan supérieur peut toujours réunir les qualités du plan inférieur et celles qui lui sont propres ; dans ce cas, ses habitants possèdent presque toujours les qualités en question d'une manière plus marquée que les âmes d'un niveau moins élevé.

Quand nous disons que l'affection pour les gens est la marque distinctive du septième sous-plan, il ne faut donc pas supposer un seul instant que l'amour n'existe que sur ce niveau. En réalité, chez l'homme qui s'y trouve après la mort, l'affection était la qualité maîtresse, la seule en définitive qui pût lui ouvrir le monde céleste. Il va sans dire que, sur les subdivisions supérieures, se rencontre un genre d'amour infiniment plus noble et plus grand que tout ce que nous avons vu jusqu'ici.

L'une des premières personnes rencontrées par les investigateurs sur le septième sous-plan nous fournira un assez bon exemple de ce que sont ses habitants. De son vivant l'homme dont je veux parler avait été un petit épicier, sans développement intellectuel, sans tempérament religieux prononcé, un simple petit commerçant honnête et respectable, rien de plus. Sans doute, il allait régulièrement à l'église tous les dimanches, parce que c'était la coutume et que c'était « comme il faut », mais pour lui la religion avait été une sorte de nuage vague qu'il ne comprenait guère ; elle n'avait à ses yeux aucun rapport avec les affaires journalières, et ne l'influençait en rien dans les décisions à prendre. Notre homme manquait donc de la dévotion profonde qui l'eût élevé jusqu'au niveau immédiatement supérieur. D'autre part, il éprouvait pour sa femme et pour les siens une chaude affection présentant un caractère marqué de renoncement ; il pensait constamment à eux et, s'il travaillait du matin au soir, dans sa minuscule boutique, c'était pour eux beaucoup plus que pour lui-même. Aussi quand, après avoir séjourné sur le plan astral, il se fut enfin dégagé du corps du désir en voie de désintégration, il se trouva sur la subdivision inférieure du monde céleste, entouré de tous ces êtres chéris.

Son niveau de développement intellectuel et spirituel était le même qu'ici-bas, car la mort n'entraîne aucune transformation de ce genre, du jour au lendemain. Le milieu où il se trouvait en famille n'avait rien que de très ordinaire, représentant simplement l'idéal non-physique le plus élevé dont il pût jouir sur la terre. Il éprouvait cependant le bonheur le plus profond qui fût à sa portée. Comme il ne cessait de penser à sa famille beaucoup plus qu'à lui-même, il générait sans aucun doute des tendances altruistes qui, assimilées par son âme sous forme de qualités permanentes, reparaîtront à l'avenir dans toutes ses vies terrestres.

Je mentionnerai, comme autre exemple typique, un homme qui mourut quand sa fille unique était encore en bas âge. Dans le ciel il avait toujours l'enfant auprès de lui, la voyait toujours sous son meilleur aspect et ne cessait de tracer pour son avenir toutes sortes de jolis tableaux. Citons encore une jeune fille absorbée dans la contemplation de toutes les perfections qu'elle admirait chez son père et lui préparant en imagination de petites surprises et des plaisirs nouveaux ; enfin une femme grecque qui vivait dans un bonheur ineffable auprès de ses trois enfants, dont un fils d'une rare beauté, qu'elle se plaisait à imaginer vainqueur aux Jeux Olympiques.

Depuis quelques siècles, le septième sous-plan présente une particularité frappante, c'est le grand nombre de Romains, de Carthaginois et d'Anglais qu'on y rencontre. La cause en est que, parmi les hommes de ces nations, l'altruisme se traduit surtout par les affections de famille. Par contre, on trouve sur ce plan relativement peu d'Hindous et de Bouddhistes, car leurs sentiments religieux font plus étroitement partie de la vie journalière et, par conséquent, leur donnent accès à un niveau plus élevé.

Les cas étudiés variaient naturellement à l'infini. Les différents degrés d'avancement se distinguaient par une luminosité correspondante; quant aux qualités acquises, elles se traduisaient par des différences de couleur. Ici, des amants enlevés par la mort dans toute la force de leur affection, toujours occupés, à l'exclusion de toutes les autres, de la seule personne aimée; là, des êtres à peine sortis de l'état sauvage, tel ce Malais, homme très peu développé (encore dans l'état que nous appellerions techniquement celui d'un pitri inférieur de troisième classe) auquel son amour pour sa fille permit de goûter un commencement de vie céleste.

Dans tous les exemples cités, le ciel était le fruit d'une affection et d'un altruisme naissants. En dehors de ces sentiments, rien, dans les vies considérées, n'aurait pu s'exprimer sur le plan dévakhanique. Dans la plupart des cas étudiés, les images des être chéris étaient loin d'être parfaites ; par suite, les véritables Egos ou âmes des personnes aimées ne pouvaient s'exprimer dans ces formes que partiellement, mais en tout cas d'une manière beaucoup plus complète et plus satisfaisante que dans la vie physique. Sur la terre nous ne voyons qu'une partie de notre ami ; nous ne connaissons de lui que les côtés qui nous attirent et en réalité les autres faces de son caractère n'existent pas pour nous. Lui être attaché, le connaître, nous est précieux ici-bas et souvent notre bien le plus rare ; mais cette intimité, cette connaissance, ne peuvent être que fort défectueuses. Même dans les cas exceptionnels où nous croyons connaître un homme absolument à fond — corps et âme, — nous ne pouvons connaître en lui que la partie manifestée durant l'incarnation présente sur les plans inférieurs, et il reste dans son Ego véritable des profondeurs qui nous échappent complètement. S'il nous était permis, grâce à la vue directe et parfaite du plan mental, de contempler, pour la première fois notre ami *tout entier*, quand nous le rencontrons après la mort, il est probable que nous ne le reconnaîtrions pas. Assurément il ne ressemblerait en rien à l'être chéri que nous nous figurons connaître.

Il faut se dire que la vive affection qui seule peut assurer la présence d'un homme dans la vie céleste d'un autre représente sur ces plans élevés une force considérable, qui monte jusqu'à l'âme de l'être aimé et provoque une réponse. La précision de cette réponse, la vitalité et l'énergie qui l'animent, dépendent naturellement du développement moral de l'être aimé; mais la réponse est toujours et sans exception une réponse absolument véritable.

Bien entendu, l'âme ou Ego ne peut être impressionnée d'une manière *complète* que sur son propre niveau — l'une des subdivisions « aroupa » du plan mental; du moins nous en rapprochons-nous dans un stade quelconque du monde céleste, beaucoup plus qu'ici-bas. Si les conditions sont favorables, nous arrivons en Dévakhane à connaître infiniment plus de notre ami qu'il ne nous serait jamais possible de le faire sur terre, et même fussent-elles aussi défaforables que possible, jamais la réalité n'aurait été plus près de nous.

Sur ce point, il faut tenir compte d'un double facteur — le degré de développement de chacune des personnes considérées. Si l'homme en cours de vie céleste éprouve une vive affection, s'il est déjà développé au point de vue spirituel, il formera de son ami, tel qu'il le connut sur la terre, une image par laquelle pourra s'exprimer sur ce niveau, d'une manière assez complète, l'Ego de cet ami. Mais, pour que ce dernier puisse profiter pleinement de l'occasion qui lui est offerte, il doit avoir atteint lui-même un degré d'évolution assez avancé.

La manifestation peut donc, pour deux raisons, être imparfaite. L'image formée par le défunt peut être trop vague et trop inefficace pour permettre à l'ami, même parvenu à un degré d'évolution avancé, d'en faire grand usage. D'autre part, en admettant que l'image soit nette, l'ami peut ne pas être assez développé pour en tirer parti.

Mais toujours l'âme de l'être chéri répond aux sentiments d'affection ; quel que soit son degré d'avancement, sa réponse est immédiate ; elle se déverse dans l'image qui a été créée. Les deux facteurs mentionnés plus haut — la nature de l'image d'une part, et d'autre part ce que l'âme est capable d'exprimer — déterminent jusqu'à quel point l'homme véritable pourra se manifester. La plus vague des images ainsi formées n'existe pas moins sur le plan mental ; pour l'Ego elle est donc bien plus facile à atteindre que le corps physique, à deux plans entiers plus bas.

Si l'être chéri est encore vivant, il ne se doutera pas, naturellement, que son véritable Ego jouisse là-haut d'une manifestation additionnelle. Mais cette manifestation n'en est pas moins plus réelle et représente le moi véritable d'une façon beaucoup plus complète que la manifestation terrestre, la seule qui soit encore perceptible pour la plupart d'entre nous.

Il est intéressant de constater que, si un homme peut simultanément figurer dans la vie céleste de plusieurs amis défunts, il peut, simultanément aussi, se manifester dans chacune des différentes formes, tout en animant peut-être ici-bas un corps physique, idée qui n'a rien d'étrange si l'on comprend les relations entre les différents plans. Pour cet homme, il est aussi facile de se manifester à la fois dans plusieurs de ces images célestes que, pour nous, de sentir au même instant la pression de plusieurs objets en contact avec différentes parties de notre corps. Un plan est à un autre plan ce qu'une dimension est à une autre dimension : s'il est impossible à aucun nombre d'unités d'une dimension quelconque de jamais égaler une unité d'une dimension supérieure, il est tout aussi impossible que la faculté de répondre s'épuise dans l'Ego, quel que soit le nombre de ses manifestations. Bien au contraire, des manifestations semblables lui donnent une nouvelle et précieuse occasion de se développer sur le plan mental. En vertu des lois de la justice divine, cette occasion est la conséquence directe et la récompense des actions ou des qualités qui ont amené les sentiments affectueux à s'exprimer ainsi.

Il est donc évident que plus l'homme avance et plus il voit de toutes parts les occasions s'offrir à lui. Plus il progresse, et plus il éveille dans son entourage l'amour et la vénération, ce qui multiplie les formes-pensées fortement constituées, à sa disposition sur le plan mental. En même temps il verra grandir, à mesure qu'il se développe, et le pouvoir qu'il possède de se manifester dans chacune de ces formes, et sa réceptivité quand il les a revêtues.

Nos investigateurs ont eu dernièrement l'occasion d'en noter un exemple, frappant dans sa simplicité. Une mère, morte il y a environ vingt ans, avait laissé deux fils qu'elle aimait tendrement ; ils occupaient naturellement la première place dans sa vie céleste et, tout naturellement aussi, elle se les représentait tels qu'elle les avait laissés, âgés de quinze ou seize ans. L'amour qu'elle ne cessait de répandre sur ces images mentales, tout en agissant en réalité comme une force bienfaisante descendant à flots ici-bas sur les deux hommes faits, ne les impressionnait pas de la même manière ; non pas que l'amour maternel fût plus grand pour l'un que pour l'autre, mais parce qu'il existait entre les images elles-mêmes une grande différence de vitalité. A vrai dire, cette différence n'existait pas pour la mère, qui voyait ses deux fils présents absolument comme elle désirait qu'ils fussent. Il n'en étau pas moins évident pour nos investigateurs que l'une des deux images présentait une vitalité beaucoup plus puissante que l'autre. En cherchant la cause de ce phénomène si intéressant, on découvrit que l'un des deux fils était devenu un homme d'affaires comme il y en a tant, sans vices bien prononcés, mais d'un développement spirituel nul, et que l'autre, au contraire, joignait à des aspirations élevées et généreuses beaucoup de raffinement et de culture. Grâce à son genre de vie, la conscience de l'âme s'était développée chez lui beaucoup plus que chez son frère ; par suite, son « Moi supérieur » pouvait animer d'une manière beaucoup plus complète l'image de l'adolescent formée par sa mère pendant la vie céleste. Le rayonnement de l'âme étant plus considérable, l'image était nette et vivante.

D'autres recherches ayant amené beaucoup de constatations semblables, prouvèrent que plus une âme est spirituellement développée et mieux elle peut s'exprimer dans les formes que revêt pour elle l'affection de ses amis ; par cela même elle profite de plus en plus de la force vivante et aimante qui se déverse sur elle à travers les images mentales. A mesure que l'âme grandit, ces images l'expriment d'une manière plus complète, jusqu'au moment où elle devient le Maître qui les emploie consciemment, pour aider et instruire ses pupilles.

Tel est le seul mode de communication possible entre les âmes qui ont passé dans le monde céleste. Je le répète : une âme peut resplendir d'une manière incomparable, à travers son image, dans la vie céleste d'un ami, et en être complètement ignorante ici-bas où elle se manifeste à travers le corps physique, si bien qu'elle se croira dans l'impossibilité de communiquer avec l'ami décédé. Si au contraire cette âme, ayant développé sa conscience jusqu'à l'unification, est maîtresse de toutes ses facultés avant même d'avoir rejeté le corps physique, elle peut constater dès sa triste existence terrestre qu'elle se trouve, comme autrefois, face à face avec son ami et que la mort, loin d'emporter au loin l'être aimé, lui a seulement dévoilé la vie plus grandiose et plus vaste qui nous entoure sans cesse.

L'ami ressemblera beaucoup à ce qu'il était sur terre et cependant rayonnera d'une gloire étrange. Le corps mental, comme le corps astral, présente dans les limites de l'ovoïde extérieur une reproduction du corps physique déterminée par la forme du corps causal ; cette reproduction a donc un peu l'apparence d'une forme composée d'un brouillard plus léger. La personnalité de la dernière vie terrestre subsiste nettement jusqu'à la fin de la vie céleste. Ce sentiment de personnalité ne se fond dans l'individualité que lorsque la conscience s'absorbe finalement dans le corps causal. Pour la première fois depuis qu'il est descendu vers les plans inférieurs pour s'y incarner, l'homme se reconnaît comme l'Ego véritable et relativement permanent.

Le sentiment du temps, demande-t-on parfois, existe-t-il sur le plan mental ? La nuit y succède-t-elle au jour, le sommeil à la veille ? Dans le monde céleste, le seul réveil consiste, pour l'homme dont s'ouvre l'existence dévakhanique, à devenir progressivement conscient de l'incomparable félicité qui caractérise ce plan ; le seul sommeil consiste à tomber, progressivement aussi, dans une heureuse inconscience quand prennent fin les longues années d'existence céleste. Le ciel nous a été décrit autrefois comme une sorte de prolongation de tous les moments les plus heureux d'une vie humaine dont le bonheur serait centuplé. Cette définition, comme toutes les définitions formulées sur le plan physique, laisse fort à désirer; elle est pourtant beaucoup plus exacte que l'idée de jours et de nuits. Les genres de félicité semblent, en vérité, varier à l'infini, mais les alternances de sommeil et de veille ne trouvent point de place dans la vie céleste.

La séparation définitive des corps mental et astral est généralement suivie d'une période d'inconscience absolue, dont la durée est extrêmement variable; cette période est analogue à celle qui succède à la mort physique. Il y a beaucoup de rapport entre ce réveil, qui ramène ensuite la conscience mentale active, et les sensations souvent éprouvées au sortir du sommeil. Il arrive parfois, le matin, au moment du réveil, de passer tout d'abord par une période de repos délicieux, pendant laquelle l'homme est conscient du plaisir éprouvé, bien que le mental soit encore inactif et le corps à peine soumis à l'emprise de la volonté. A son réveil dans le monde céleste, l'homme traverse de même une période, plus ou moins longue, de félicité profonde et toujours grandissante, avant que sa conscience n'atteigne la plénitude de son activité. Quand naît en lui cette joie ineffable, elle l'absorbe complètement, mais, au fur et à mesure qu'il s'éveille, il se voit entouré d'un monde peuplé de ses créations idéales, et dont le caractère correspond à la nature du sous-plan vers lequel il a été conduit.

Sixième sous-plan, le deuxième ciel

La caractéristique de cette subdivision est assurément la dévotion religieuse anthropomorphe. Si ce genre de dévotion diffère du sentiment religieux exprimé sur le deuxième sous-plan astral, c'est que l'un n'offre aucune trace d'égoïsme (l'homme qui l'éprouve n'a aucun souci de ce que pourra lui mériter sa dévotion), tandis que l'autre est toujours poussé par l'espoir et par le désir d'en tirer quelque profit. Sur le second sous-plan astral, il existe bien un certain sentiment religieux, mais invariablement entaché de calculs égoïstes. Au contraire, la dévotion qui élève l'homme au sixième sous-plan du monde céleste ne présente aucune trace de cette tare.

D'un autre côté, il faut se garder de confondre cette phase dévotionnelle avec les formes dévotionnelles plus hautes qui trouvent leur expression dans l'accomplissement d'une tâche déterminée, acceptée pour l'amour de la divinité. Quelques exemples observés sur ce sous-plan feront peutêtre comprendre plus clairement qu'une simple description les différences dont je viens de parler.

Parmi les entités dont le mental trouve sur ce niveau son expression complète, beaucoup appartiennent aux religions orientales ; il faut tout au moins pour qu'elles s'y rencontrent, qu'elles soient caractérisées par une dévotion pure, mais où il entre relativement peu de raisonnement et d'intelligence. Les adorateurs de Vishnou, comme avatar de Krishna ou sous une autre forme, ainsi que certains sectateurs de Shiva, se trouvent ici. Chacun est enveloppé dans la coque de ses propres pensées, seul avec son dieu particulier, oublieux du reste de l'humanité, à moins que ses affections n'associent à son culte les êtres chéris sur la terre. On remarquera par exemple un Vaishnavite complètement absorbé par l'adoration extatique de l'image de Vishnou, à laquelle de son vivant il apportait des offrandes.

C'est parmi les femmes que se trouvent sur ce plan les exemples les plus caractéristiques ; elles y sont d'ailleurs en très grande majorité. Il y avait là, entre autres, une femme hindoue dont le mari était devenu pour elle un dieu ; elle imaginait aussi le jeune Krishna jouant avec ses propres enfants ; ces derniers étaient bien humains et bien réels, mais le petit Krishna présentait l'apparence d'une image de bois, peinte en bleu, animée d'une vie factice. Krishna paraissait également dans sa vie céleste sous une autre forme, celle d'un jeune homme efféminé jouant de la flûte, mais sans qu'elle trouvât dans cette double manifestation la moindre cause de confusion ni de trouble. Une autre femme, adonnée au culte de Shiva, confondant le dieu avec son mari, regardait le second comme une manifestation du premier, si bien que l'un revêtait constamment les traits de l'autre. Quelques Bouddhistes se trouvent encore sur cette subdivision, mais ceux-là seuls, semble-t-il, dont l'instruction est bornée et qui voient dans le Bouddha un objet d'adoration plutôt qu'un grand Instructeur.

Beaucoup d'autres habitants de ce niveau mental appartiennent à la religion chrétienne. La dévotion sans caractère intellectuel, dont le paysan catholique illettré et le « soldat convaincu et sincère » de l'Armée du Salut donnent des exemples, semble produire des résultats qui se rapprochent beaucoup des effets décrits plus haut : c'est la même contemplation éperdue ayant pour objet le Christ ou sa mère. Ainsi un paysan irlandais, absorbé dans une profonde adoration de la Vierge Marie, se la représentait debout sur le croissant de la lune, comme dans l'*Assomption* du Titien, mais lui tendant les mains et lui parlant. Un moine du moyen âge contemplait avec extase le Christ en croix et telle était l'intensité, la passion de son amour et de sa piété, qu'en voyant saigner les blessures de son Christ il en reproduisait les stigmates sur son propre corps mental.

Un autre semblait avoir oublié le triste récit de la crucifixion ; il ne se représentait le Christ que trônant dans la gloire, ayant à ses pieds la mer de cristal, entouré d'une immense multitude d'adorateurs, parmi lesquels il se trouvait lui-même, avec sa femme et tous les siens. Malgré la très vive affection qu'il éprouvait pour sa famille, l'adoration du Christ tenait la première place dans ses pensées. Rien de matériel cependant comme l'idée qu'il se formait de son Dieu : il se le représentait comme revêtant alternativement, et comme par un effet de kaléidoscope, la forme humaine et la forme d'un agneau portant la bannière, symbole si souvent reproduit dans les vitraux d'église.

Une religieuse espagnole, morte à dix-neuf ou vingt ans, était plus intéressante à étudier. Se reportant dans sa vie céleste à l'époque où le Christ vivait sur la terre, elle se voyait l'accompagnant à travers les événements racontés par les Évangiles et prenant soin de sa mère la Vierge Marie après la crucifixion. Dans les tableaux qu'elle se formait, les paysages et les costumes de la Palestine ne présentaient aucune exactitude, car le Sauveur et ses disciples portaient le costume des paysans espagnols, et les collines des environs de Jérusalem étaient de hautes montagnes aux pentes couvertes de vignobles et d'oliviers, chargés de mousse grise, comme elles le sont en Espagne. C'était du reste assez naturel. Elle se voyait subissant le martyre pour sa foi, puis montant au ciel, mais pour recommencer indéfiniment l'existence où elle trouvait tant de joie.

La vie céleste d'un enfant terminera, par un exemple gracieux et original, l'énumération que je viens de consacrer au sixième sous-plan. Cet enfant, mort à l'âge de sept ans, mettait en action dans le monde céleste les récits religieux que sa bonne irlandaise lui avait faits ici-bas ; il aimait surtout à jouer en pensée avec l'enfant Jésus, et à l'aider à fabriquer ces passereaux d'argile que l'enfant divin, suivant la légende, animait et faisait voler.

On voit que la dévotion aveugle et irraisonnée dont nous venons de parler n'élève jamais à un niveau spirituel très avancé ceux qui s'y livrent. Rappelons-nous cependant que toujours leur bonheur est parfait et leur satisfaction complète, car ils reçoivent invariablement ce qu'ils sont capable d'apprécier de plus élevé. Leur avenir en bénéficiera d'ailleurs, d'une façon très marquée. Si à aucun degré cette dévotion n'est capable, à elle seule, de jamais développer l'intelligence, elle prédispose néanmoins à une forme de dévotion supérieure et, généralement aussi, à une vie pure. Une personne qui mène l'existence et goûte les joies célestes que je viens de décrire ne fera donc pas sans doute de rapides progrès dans la voie spirituelle ; du moins sera-t-elle préservée de bien des dangers, car il est fort improbable que dans sa naissance prochaine elle se laisse aller à aucun des péchés les plus grossiers, ou qu'elle abandonne ses aspirations dévotionnelles pour la vie d'un avare, d'un ambitieux ou d'un débauché. Malgré tout, l'étude de ce sous-plan met incontestablement en relief la nécessité de suivre le conseil de saint Pierre : *Ajoutez à votre foi la vertu et à la vertu la science.*

Si la foi, sous sa forme naïve, semble produire des résultats aussi singuliers, il est intéressant de se rendre compte de l'effet produit par le matérialisme, plus naïf encore, qui naguère était si fréquent en Europe. Mme Blavatsky a dit dans *La Clef de la Théosophie* que, dans certains cas, le matérialiste n'était pas conscient dans le monde céleste, parce que de son vivant il n'avait pas cru à une condition posthume de ce genre. Il est probable, cependant, que notre grande fondatrice donnait au mot « matérialiste » un sens beaucoup plus restreint qu'on ne le fait d'ordinaire ; car dans le même ouvrage elle affirme également qu'après la mort il n'existe pour les matérialistes aucune possibilité de vie consciente. Or, parmi ceux dont le travail nocturne se fait sur le plan astral, chacun sait que beaucoup de personnes généralement appelées matérialistes peuvent s'y rencontrer et qu'elles n'y sont certainement pas inconscientes.

En voici un exemple. Un matérialiste bien connu, ami intime d'un de nos collègues, fut découvert par ce dernier, il y a peu de temps, sur le sous-plan astral le plus élevé, où il s'était entouré de ses livres et poursuivait ses études, à peu près comme il l'eût fait sur la terre. Interrogé par son ami, il reconnut avec franchise que ses anciennes théories étaient réduites à néant par l'irrésistible logique des faits, mais ses tendances agnostiques étaient encore assez fortes pour l'empêcher d'accepter ce que lui disait son ami au sujet du plan mental plus élevé. A beaucoup d'égards, le caractère de cet homme ne pouvait cependant atteindre sa pleine maturité que sur le plan mental. Son incrédulité complète en une vie posthume quelconque n'ayant pas empêché ses expériences astrales, pourquoi supposer qu'elle paralysera plus tard dans le monde céleste l'évolution régulière de ses énergies supérieures ?

Assurément ce matérialiste a beaucoup perdu par suite de son incrédulité. L'idéal religieux, s'il avait été à sa portée, aurait sans doute éveillé en son âme une puissante énergie dévotionnelle dont elle récolterait aujourd'hui les fruits. Tout cela aurait pu être et n'existe point pour lui. Mais l'affection profonde et désintéressée qu'il éprouva pour sa famille, sa philanthropie sincère et infatigable, représentent également la mise en jeu d'énergies puissantes qui doivent produire un résultat, et qui n'y parviendront que sur le plan mental. L'absence d'un genre de force donné ne peut empêcher les autres d'exercer leur action.

Voici une observation plus récente encore. Un matérialiste, s'éveillant après la mort sur le plan astral, se croyait encore en vie, persuadé qu'il faisait simplement un rêve désagréable. Heureusement pour lui, le fils d'un de ses vieux amis faisait partie du groupe capable d'agir consciemment sur le plan astral, et fut chargé de le trouver et de l'aider. Tout d'abord, le matérialiste crut naturellement que ce jeune homme figurait dans son rêve, mais, ayant reçu de son vieil ami un message qui mentionnait des circonstances antérieures à la naissance du messager, il fut convaincu de la réalité du plan où il se trouvait, et montra immédiatement le plus vif désir d'obtenir sur ce plan tous les renseignements possibles. Dans ces conditions, l'instruction qui lui est donnée produira sur lui, sans aucun doute, les effets les plus marqués ; elle modifiera sensiblement, non seulement la vie céleste qui l'attend, mais aussi sa prochaine incarnation terrestre.

Pourquoi, d'ailleurs, nous étonner de ce que nous montrent ces deux exemples et bien d'autres encore ? Notre expérience du plan physique nous le donne à prévoir. Que de fois nous constatons, ici-bas, que la nature n'excuse jamais notre ignorance de ses lois! Un homme, persuadé que le feu ne brûle pas, expose-t-il sa main à la flamme, son erreur lui est bientôt démontrée. De même, refuser de croire à l'existence future ne modifie en rien les faits naturels. Après sa mort, l'homme découvre simplement, du moins dans certains cas, qu'il s'était trompé. Le genre de matérialisme dont parle Mme Blavatsky dans le passage cité plus haut est sans doute quelque chose de beaucoup plus grossier et de plus agressif que l'agnosticisme ordinaire, un tempérament tel qu'il rendrait extrêmement improbable la possession de qualités exigeant pour atteindre leur maturité un séjour sur le plan mental.

Cinquième sous-plan ; le troisième ciel

Nous pourrions définir la caractéristique de cette subdivision comme la dévotion s'exprimant d'une manière active. Sur ce niveau le Chrétien, non seulement adore son Sauveur, mais se voit aussi travaillant pour Lui dans le monde. C'est en particulier le plan où s'accomplissent toutes les grandes conceptions, tous les grands desseins inexécutés sur la terre, toutes les grandes organisations inspirées par la dévotion religieuse, et dont l'objet est généralement philanthropique. Souvenez-vous cependant que plus nous nous élevons et plus sont grandes la complexité et la variété. S'il nous est encore possible de définir la caractéristique générale de ce plan, il est de plus en plus probable que nous rencontrerons des variations et des exceptions ne se rattachant pas toujours facilement à la catégorie principale.

Voici d'abord un exemple pouvant servir de type, mais un peu au-dessus de la moyenne, celui d'un homme que l'on trouva mettant à exécution un projet grandiose, ayant pour but d'améliorer la condition des classes sociales inférieures. Caractère profondément religieux, cet homme avait pourtant compris que, lorsqu'il s'agit des pauvres, le premier soin doit être d'améliorer leur condition physique. Le plan qu'il réalisait maintenant dans sa vie céleste, avec un succès triomphal et une sollicitude attentive à tous les détails, avait souvent ici-bas occupé sa pensée, sans qu'il eût jamais été possible d'en tenter l'accomplissement.

Il avait eu l'idée que, s'il disposait d'une fortune immense, il achèterait et monopoliserait l'un des commerces secondaires que se partageaient alors environ trois ou quatre grandes maisons ; il pourrait par là, pensait-il, en réalisant des économies considérables dues à la suppression des publicités concurrentes et autres genres de rivalités commerciales ruineuses, accorder à ses ouvriers un salaire beaucoup plus élevé, sans cependant modifier ses prix de vente. Entre autres projets, il avait celui d'acheter des terrains et d'y bâtir pour ses ouvriers des maisonnettes dont chacune aurait son jardin. Après un certain nombre d'années de service, chaque ouvrier devait participer aux bénéfices, de manière à se trouver dans ses vieux jours à l'abri du besoin. En appliquant ce système, notre philanthrope avait espéré, d'une part, montrer que le Christianisme pouvait s'allier aux idées les plus pratiques, d'autre part gagner à sa propre foi les âmes de ses ouvriers, reconnaissants pour les bienfaits matériels qu'ils avaient reçus.

Je pourrais citer un cas analogue : celui d'un prince hindou, dont l'idéal sur la terre avait été Râma, le héros royal et divin. Le prenant pour modèle, il avait essayé de l'imiter dans sa vie et dans ses méthodes de gouvernement. Ici-bas, naturellement, survenait maint événement fâcheux, entraînant l'insuccès de nombre de projets, mais dans la vie céleste tout réussit, chaque effort bien intentionné déterminant le résultat le plus complet possible. Bien entendu, Rama lui-même servait au prince de directeur et de conseiller, et recevait les hommages perpétuels de tous ses fidèles sujets.

L'activité religieuse personnelle fournit un exemple curieux et touchant, celui d'une femme qui avait été nonne, dans un ordre actif et non dans un ordre contemplatif. Elle avait évidemment basé sa vie sur le texte : *Les choses que vous avez faites à l'un de ces plus petits de mes frères, vous me les avez faites* ; car, maintenant, dans le monde céleste, elle se conformait d'une manière absolue aux prescriptions de son Seigneur, ne cessait de soigner les malades, de nourrir les affamés, de vêtir et de secourir les pauvres, mais avec une particularité : chacun de ceux qu'elle avait servis prenait immédiatement l'apparence du Christ et recevait l'hommage de son culte fervent.

Citons encore un exemple instructif, celui de deux soeurs extrêmement pieuses. L'une avait été infirme, l'autre avait consacré à la soigner sa longue existence. Sur la terre elles avaient souvent, en imagination, cherché, décidé les oeuvres philanthropiques et religieuses qu'elles entreprendraient si elles en avaient les moyens. Chacune occupe aujourd'hui la première place dans la vie céleste de sa soeur. L'infirme est bien portante et robuste, et chacune voit sa soeur prenant part à ses propres efforts pour mettre à exécution les voeux non réalisés ici-bas. C'est là un très bel exemple de la sérénité avec laquelle se poursuit, pour les personnes aux aspirations religieuses, la vie d'outre-tombe. La mort n'avait causé qu'un seul changement, l'élimination de la maladie et de la souffrance, et avait ainsi rendu facile une oeuvre jusque- là impossible.

C'est encore sur ce niveau que trouve à s'exprimer l'activité missionnaire, celle qui présente le plus de conviction et d'abnégation. Les missionnaires ordinaires, ignorants et fanatiques, ne s'élèvent naturellement pas aussi haut, mais quelques caractères éminents, comme Livingstone, peuvent s'y rencontrer ; ils s'y consacrent à la tâche qui leur est chère, et convertissent des multitudes à la religion particulière dont ils sont les champions. Dans cet ordre d'idées, je citerai, parmi les exemples les plus frappants qui aient été recueillis, celui d'un Mahométan. Cet homme s'imaginait travailler avec un zèle extrême à la conversion et au gouvernement du monde, conformément aux principes islamiques les plus orthodoxes.

Il semble que dans certains cas le tempérament artistique permette également d'atteindre ce niveau. Mais il faut avoir soin d'établir ici une distinction. Le peintre ou le musicien dont l'objectif unique, égoïste, est la réputation personnelle, ou qui se laisse habituellement influencer par des sentiments de jalousie professionnelle, ne génère évidemment pas de forces capables de l'amener jusqu'au plan mental. Par contre, le type d'art le plus sublime, celui qui représente pour ses disciples un pouvoir immense dont ils sont les dépositaires pour le faire servir à l'élévation spirituelle de leurs semblables, s'exprime dans des régions supérieures même au cinquième sous-plan. Entre ces deux extrêmes, les hommes qui aiment l'art pour lui-même et le regardent comme une offrande à leur divinité peuvent, dans certains cas, trouver sur ce niveau le ciel qui leur est approprié.

En voici un exemple. Un musicien de tempérament très religieux ne voyait dans ses efforts désintéressés qu'une offrande au Christ, sans se douter des merveilleux effets sonores et colorés, déterminés dans la matière du plan mental par ses compositions sublimes. Son enthousiasme n'était d'ailleurs ni perdu ni infructueux, car à son insu il apportait à beaucoup d'âmes de la joie et du secours ; ce qui vaudra certainement à ce musicien dans sa prochaine incarnation une dévotion plus ardente et un génie musical plus puissant. Seulement, ce genre de vie céleste peut se répéter presque indéfiniment, s'il n'existe pas en l'homme un désir plus élevé, celui d'aider l'humanité. Si nous donnons un coup d'oeil en arrière sur les trois plans dont nous venons de nous occuper, nous remarquerons du reste qu'ils assurent la satisfaction du dévouement personnel, témoigné soit à la famille, soit aux amis, soit à une divinité personnelle, plutôt que celle du dévouement plus vaste témoigné à l'humanité, pour elle-même. Le second trouve son expression sur le sous-plan suivant.

Quatrième sous-plan ; le quatrième ciel

C'est le plus élevé des niveaux « roupa » ; les activités en sont si variées qu'il est difficile de leur trouver un caractère commun. Peut-être pourrait-on former quatre divisions principales : la recherche désintéressée des connaissances spirituelles, la pensée philosophique ou scientifique élevée, les talents littéraires ou artistiques exercés avec altruisme, le service dont le seul mobile est la joie de servir. Quelques exemples de chacune de ces classes en fera mieux comprendre la définition exacte.

La population de ce sous-plan se recrute naturellement presque en entier parmi les religions qui reconnaissent la nécessité d'acquérir les connaissances spirituelles. Le lecteur se souviendra que sur le sixième sous-plan nous trouvâmes de nombreux Bouddhistes dont la religion avait pris, en général, le caractère de dévotion éprouvée pour leur grand chef envisagé dans sa personnalité. Ici, au contraire, nous trouvons des sectateurs plus intelligents, dont l'aspiration suprême était de recevoir les leçons du Maître, assis à Ses pieds, et qui voyaient en Lui un Instructeur plutôt qu'un objet d'adoration.

Or, dans la vie céleste, ce voeu suprême est réalisé ; ils reçoivent véritablement les leçons du Bouddha ; l'image qu'ils se sont formée de Lui n'est pas une forme vide, car elle est véritablement illuminée par la sagesse, la puissance et l'amour merveilleux du plus grand des Instructeurs de ce monde. Ils acquièrent donc des connaissances nouvelles et leur horizon intellectuel s'élargit, ce qui aura nécessairement, dans leur prochaine existence, les conséquences les plus importantes. Peut-être ne se rappelleront ils pas les faits individuels appris dans le passé (faits dont ils s'empareront néanmoins avec avidité quand ils les retrouveront dans une vie future et dont ils reconnaîtront intuitivement la vérité), mais l'enseignement reçu aura communiqué à l'Ego une tendance prononcée à envisager tous ces sujets d'une manière plus large et dans un esprit plus philosophique.

Une semblable vie céleste — on le comprendra sans peine — hâte nettement et incontestablement l'évolution de l'Ego. Ici encore nous apparaît l'avantage énorme réalisé par ceux qui se sont laissé guider par des instructeurs véritables, vivants et puissants.

Nous retrouvons ce genre d'instruction, sous une forme moins développée, dans le cas où un écrivain vraiment grand et spirituellement développé est devenu pour un étudiant une personnalité vivante, un ami faisant partie de sa vie mentale, — une figure idéale toujours présente dans ses rêveries. Un auteur comme celui-là peut figurer dans la vie céleste de l'élève et, parce que sa propre âme est hautement évoluée, animer l'image mentale qui a été formée de lui ; il peut, grâce à ces circonstances favorables, jeter des lumières nouvelles sur les enseignements contenus dans ses propres ouvrages, et amener le lecteur à en découvrir le sens profond.

Parmi les Hindous, beaucoup de ceux qui suivent le Sentier de la sagesse trouvent sur ce plan leur vie céleste ; du moins si leurs instructeurs étaient des hommes de savoir véritable. Quelques-uns des Soufis et des Parsis les plus avancés sont également sur ce plan. Nous y trouvons encore certains des Gnostiques les plus anciens, dont le développement spirituel leur a valu un séjour prolongé dans cette région céleste. Mais, sauf ce nombre relativement restreint de Soufis et de Gnostiques, ni le Mahométisme, ni le Christianisme ne semblent faire atteindre ce niveau à leurs sectateurs, bien que certaines personnes, appartenant de nom à ces deux religions, puissent être portées jusqu'à ce sous-plan, grâce à la présence dans leur caractère de qualités indépendantes des enseignements particuliers à leur religion.

Nous trouvons encore dans cette région des étudiants en occultisme, sérieux et dévoués, qui ne sont pas encore assez avancés pour avoir acquis le droit et le pouvoir de renoncer en faveur du monde à leur vie céleste. Dans leurs rangs se trouvait un homme qui, de son vivant, avait été personnellement connu de certains de nos investigateurs : c'était un moine Bouddhiste. Il avait étudié la Théosophie avec ardeur, et longtemps avait aspiré au privilège d'être instruit un jour directement par les Adeptes qui l'enseignent. Dans sa vie céleste le

Bouddha tenait la première place, tandis que les deux Maîtres plus spécialement en rapport avec la Société Théosophique apparaissaient comme Ses lieutenants, enseignant et commentant Sa doctrine. Ces images étaient routes trois imprégnées de la puissance et de la sagesse des grands êtres qu'elles représentaient. Le moine recevait donc bien, en réalité, sur des sujets occultes, des leçons dont l'effet sera très probablement de l'amener dans son incarnation prochaine au Sentier de l'Initiation.

Un autre exemple pris dans nos rangs et sur ce même niveau, montrera les conséquences terribles de soupçons injustes et sans fondement. Il s'agissait d'une personne qui, s'étant donnée à l'étude avec zèle et abnégation, avait malheureusement, vers la fin de sa vie, conçu à l'égard de sa vieille compagne et amie Mme Blavatsky, dont elle avait reçu les leçons, une défiance indigne et sans motif. On ne pouvait constater sans tristesse à quel point ce sentiment la privait des influences et des enseignements supérieurs dont elle aurait joui durant sa vie céleste. Non pas que ces influences et ces enseignements lui fussent en aucune façon refusés, car ceci ne peut jamais arriver ; mais sa propre attitude mentale la rendait jusqu'à un certain point réfractaire à leur action. Elle était naturellement bien loin de s'en douter, et croyait goûter les joies d'une entière et parfaite communion avec les Maîtres. Et cependant, il était évident pour les investigateurs que, sans les regrettables limitations qu'elle s'était ainsi imposées, elle aurait retiré de son séjour sur son niveau des avantages beaucoup plus marqués. A sa portée se trouvait un trésor, pour ainsi dire infini, d'amour, de force et de savoir, mais son ingratitude lui en fermait presque entièrement le chemin.

Il y a d'autres Maîtres de la Sagesse que ceux qui dirigent notre mouvement et d'autres écoles d'occultisme dont les études, en général, sont analogues aux nôtres ; aussi rencontre-t-on fréquemment leurs élèves sur ce sous-plan.

Si nous passons maintenant à la division suivante, celle de la pensée philosophique et scientifique élevée, nous y trouvons beaucoup de ces penseurs plus nobles et plus désintéressés qui ne cherchent à pénétrer l'inconnu et à résoudre les problèmes que pour éclairer et aider leurs semblables. Nous ne rangeons point parmi les philosophes certains hommes — en Orient comme en Occident — qui perdent leur temps en raisonnements verbeux et en arguties. Jamais ce genre de discussion, ayant pour mobiles l'égoïsme et la vanité, ne pourrait aider à comprendre les faits de l'univers. Comment des discours aussi superficiels produiraient-ils des résultats capables de se développer sur le plan mental ?

Parmi les véritables hommes d'étude rencontrés sur ce sous-plan, il en est un qui se rattachait dans les temps modernes à l'école néo-platonicienne et dont les annales de son époque nous ont heureusement conservé le nom. Ici-bas, sa vie s'était résumée en un long effort pour assimiler les enseignements de cette école, et maintenant son existence céleste se passait à en pénétrer les mystères et à en saisir les rapports avec la vie et le développement humains.

Citons encore un astronome dont les croyances, tout d'abord orthodoxes, semblaient s'être élargies jusqu'au Panthéisme. Durant sa vie céleste, il poursuivait ses études avec un respect religieux et, sans aucun doute, recevait les leçons de ces grandes hiérarchies de Dévas pour lesquelles, sur le plan physique, le majestueux mouvement cyclique des puissantes influences stellaires s'exprime, en apparence par l'éclat toujours changeant d'une lumière vivante qui ne connaît point d'obstacles. Perdu dans la contemplation d'un immense panorama de nébuleuses tourbillonnantes, de systèmes et de mondes en cours de formation, il semblait vouloir attribuer à l'univers une forme, celle d'un énorme animal. Ses pensées l'environnaient ; c'étaient des formes élémentales qui se présentaient à lui comme des étoiles. Sa grande joie consistait à écouter la musique, au rythme solennel, dont les globes mouvants faisaient retentir les chorals formidables.

Le troisième mode d'activité pouvant s'exercer sur ce niveau est ce genre d'effort artistique et littéraire dont l'aspiration principale est le désir d'élever et de spiritualiser la race humaine. Nous trouvons ici tous nos plus grands compositeurs Mozart, Beethoven, Bach, Wagner et d'autres avec eux, répandent encore à travers le monde céleste des flots d'harmonie plus merveilleux que leurs chants terrestres les plus sublimes. Des régions supérieures, un fleuve immense de musique divine semble venir se déverser en eux, spécialisé en quelque sorte à leur usage ; ils se l'approprient, puis le renvoient au loin, comme une puissante marée musicale qui intensifie la béatitude de tous. Si les personnes pleinement conscientes sur le plan mental peuvent entendre distinctement et goûter ces accents magnifiques, les entités désincarnées dont chacune, sur ce niveau, est environnée de son cortège particulier sont, elles aussi, extrêmement sensibles à l'influence de cette mélodie puissante qui les élève et les ennoblit.

Les peintres et les sculpteurs qui toujours ont exercé leur art dans un esprit généreux et désintéressé ne cessent de créer et d'émettre, pour ravir et encourager leurs frères, mille formes admirables, simples élémentals artificiels, enfants de leur pensée. Tout en causant un plaisir extrême à tous ceux qui vivent entièrement sur le plan mental, ces créations ravissantes peuvent très souvent être saisies mentalement par des artistes encore en possession du corps physique ; elles les inspirent et peuvent ainsi être reproduites ici-bas, pour élever et ennoblir cette partie de l'humanité qui se débat dans le tourbillon de l'existence terrestre.

Une touchante et belle figure se fit remarquer sur ce plan, celle d'un jeune garçon qui, autrefois choriste, était mort à l'âge de quatorze ans. La musique et un enthousiasme juvénile pour cet art possédaient entièrement son âme, avec la conviction profonde que, tout en exprimant les aspirations religieuses de la multitude qui se pressait dans une immense cathédrale, il lui transmettait à flots les encouragements et les inspirations célestes. L'enfant savait chanter ; là se bornait son instruction ; mais il avait fait de ce grand don un noble usage, s'efforçant de personnifier la voix du peuple s'élevant vers le ciel et la voix du ciel descendant vers le peuple. Son unique désir était de mieux connaître la musique et de la rendre d'une manière plus digne de l'Église. Or, dans le monde céleste, son désir portait des fruits. Vers l'enfant se baissait l'étrange et anguleuse figure d'une sainte Cécile du moyen âge dont l'image, empruntée à un vitrail, était reproduite par sa pensée aimante. Extérieurement cette image représentait, sous des traits grossiers, une légende ecclésiastique d'une authenticité douteuse ; mais elle servait de voile à une vivante et glorieuse réalité. L'un des puissants archanges appartenant à la hiérarchie céleste du chant vivifiait la forme-pensée naïve et, par elle, enseignait à l'enfant des accents plus sublimes que tous les chants de la terre.

Sur ce niveau pouvait encore se voir une épave de la vie terrestre — car l'existence d'ici-bas laisse parfois des traces étranges, même dans les demeures célestes. Dans un séjour où le souvenir des êtres aimés évoque leur présence affectueuse et leur sourire, cet homme pensait et écrivait dans la solitude. Il avait jadis entrepris d'écrire un ouvrage considérable et refusé de prostituer sa plume à de vils travaux mercenaires qui auraient assuré son pain quotidien. Mais il ne trouva pas de lecteurs et traîna une vie errante et misérable, jusqu'au jour où il mourut de chagrin et de misère. Toujours solitaire, il n'avait eu dans sa jeunesse ni amis ni famille ; parvenu à l'âge d'homme, il n'avait su travailler qu'à sa guise, repoussant toutes les influences qui eussent élargi ses idées concernant l'avenir de l'humanité et le paradis terrestre qu'il aspirait à donner à ses semblables.

Maintenant, dans la vie mentale, ne paraissait aucun être secourable qu'il eût aimé ici-bas, comme un modèle personnel ou comme un idéal. Néanmoins, absorbé dans ses pensées et dans ses travaux littéraires, il avait sous les yeux l'Utopie de ses rêves, pour laquelle il avait voulu vivre et, dans leur collectivité, les innombrables foules qu'il avait voulu servir ; la joie de les voir heureuses inondait son âme et transformait sa solitude en un séjour céleste. Quand il reviendra sur la terre, il possédera sans doute, avec le don de les concevoir, la faculté de réaliser ses pensées philanthropiques et la vision céleste se traduira partiellement par des vies terrestres plus heureuses.

Sur ce niveau du monde mental, se rencontraient aussi beaucoup de personnes qui s'étaient consacrées au service d'autrui, parce qu'elles sentaient le lien de la fraternité humaine, et qui avaient servi leurs semblables pour la joie de servir, sans la préoccupation de plaire à une divinité quelconque. Éclairées par une lumière intellectuelle puissante et par une calme sagesse, elles s'appliquaient à former d'immenses projets humanitaires, des plans de réforme magnifiques, tout en acquérant la faculté qui leur permettra de les réaliser un jour ici-bas sur le plan de l'existence physique.

La réalité du monde céleste

Certains critiques, ayant très imparfaitement compris les enseignements de la théosophie concernant la vie future, ont parfois objecté que la vie de l'homme ordinaire dans le monde céleste inférieur n'est, en somme, que rêve et illusion. Se croit-il heureux au sein de sa famille ou avec ses amis, met-il ses projets à exécution avec une joie et un succès auquel rien ne manque, il n'est en réalité que la victime d'une cruelle illusion. On oppose parfois à cette félicité imaginaire ce qu'on appelle « la solide objectivité » du ciel promis par l'orthodoxie. Il y a deux manières de répondre à cette critique. Quand nous étudions les problèmes de la vie future, il ne s'agit pas de savoir laquelle des deux hypothèses en présence nous serait la plus agréable (c'est en somme une question de goût), mais plutôt de déterminer quelle est la vraie. D'autre part, un examen plus attentif de la question nous montrera que les partisans de la théorie de l'illusion se placent à un point de vue très faux, et qu'ils n'ont absolument pas compris les faits.

Tout d'abord, rien n'est plus facile, pour les personnes qui ont acquis cette faculté, de pouvoir de leur vivant passer en pleine conscience sur le plan mental; leurs investigations sur ce plan concordent parfaitement avec les indications que les Maîtres de la Sagesse nous ont données par la grande fondatrice de notre Société, par notre instructrice, Mme Blavatsky. Voilà qui supprime du premier coup la théorie de « la solide objectivité » dont nous parlions tout à l'heure. A nos amis orthodoxes à fournir leurs preuves. En second lieu, si l'on soutient que sur les niveaux inférieurs du monde céleste l'homme ne connaît pas encore la vérité tout entière et que, par conséquent, l'illusion y règne toujours, nous l'admettons sans hésiter. Mais en général nos critiques l'entendent tout autrement. La plupart sont effrayés à l'idée que la vie céleste sera plus illusoire et plus inutile que la vie physique. Or rien n'est plus contraire à la réalité des faits qu'une notion semblable.

Mais, dira-t-on, si sur le plan mental nous créons nous-mêmes notre entourage, nous ne pouvons voir qu'une très petite partie de ce plan. Icibas, répondrons-nous, le monde dont nous sommes conscients n'est jamais la totalité du monde extérieur, mais seulement cette partie que nos sens, notre intellect et notre éducation nous permettent de percevoir. Il est bien certain que, pendant l'existence terrestre, l'homme de développement moyen n'a sur tout ce qui l'entoure que des notions erronées — creuses, imparfaites à maints égards. Que sait-il des grandes forces — éthérique, astrale, mentale — masquées par tout ce qu'il voit, mais qui en forment la partie la plus importante ? Que sait-il, en général, même des faits physiques moins apparents qui l'entourent, le rencontrent à chaque pas ? En réalité il vit, ici-bas comme dans le règne céleste, dans un monde dont il est, dans une large mesure, le créateur. Il ne s'en doute pas plus ici que là, mais son ignorance en est la seule cause ; il fait ce qu'il peut.

Dans le ciel, objecte-t-on encore, l'homme prend ses pensées pour des réalités. Je répondrai qu'il fait bien. Ses pensées sont en effet des réalités.

Sur le plan dont il s'agit, c'est-à-dire sur le plan mental, nulle réalité en dehors de la pensée. Là-haut cette grande vérité nous apparaît évidente ; ici-bas c'est le contraire. Sur lequel des deux plans l'illusion est-elle donc la plus grande ? Ces pensées, dans le monde céleste, sont bien des réalités et sont capables de produire sur les gens en vie qui nous entourent les effets les plus marqués — effets qui ne peuvent être que bienfaisants, car les pensées aimantes peuvent seules subsister sur un plan aussi exalté. Pour soutenir la théorie que la vie céleste est illusoire, il faut donc avoir mal compris la question ; c'est montrer une certaine ignorance des conditions et des possibilités de cette vie. Plus nous nous élevons, et plus nous nous rapprochons de l'unique réalité : voilà le fait.

Pour mieux comprendre combien cette période supérieure de la vie humaine est réelle et à tous égards *naturelle*, le commençant fera peut-être bien de la regarder simplement comme la conséquence du séjour fait auparavant sur les deux plans inférieurs. Nous savons tous que jamais ici-bas notre idéal le plus élevé n'est atteint, que jamais nos aspirations les plus hautes n'y sont entièrement satisfaites, si bien qu'à cet égard il semble qu'il y ait des efforts inutiles et de l'énergie perdue. Mais nous savons que ceci est impossible, car la loi de la conservation de l'énergie règne sur les plans supérieurs absolument comme sur les autres. L'énergie spirituelle émise ne peut, pendant la vie terrestre, réagir sur son auteur que dans une faible mesure, car avant d'être délivrés de leur prison de chair, nos principes supérieurs sont incapables de répondre à ces vibrations infiniment plus hautes et plus subtiles. Mais la vie céleste commence, et l'énergie accumulée se répand immédiatement au dehors, obéissant à l'inévitable réaction exigée par la justice éternelle. Comme l'a dit Browning en des vers grandioses :

Aucun bien ne se perdra jamais. Ce qui était ne cessera d'exister ; — Le mal est nul, le mal n'est point ; c'est le silence impliquant le son. — Ce qui était le bien restera le bien, d'autant meilleur que le mal fut plus grand. — Sur la terre les arcs brisés ; au ciel le cercle parfait.

Tout le bien que nous avons voulu, espéré, rêvé, prendra corps ; — ce ne sera pas son image, ce sera lui-même. Nulle beauté, nul bien, nulle force, — dont le chant s'est élevé en nous, qui ne survive pour le mélodiste — quand l'éternité confirmera la conception d'une seule heure.

L'idéal qui paraissait trop haut, l'héroïsme impossible ici-bas, — L'ardeur qui abandonnait la terre pour se perdre dans le ciel — sont une musique envoyée vers Dieu par l'amant et par le poète ; — il suffit qu'une seule fois Dieu l'ait entendue ; nous l'entendrons un jour.

Notez aussi que la manière dont la nature a combiné les conditions de la vie posthume est absolument la seule qui puisse lui permettre de faire éprouver à chacun la plus grande somme de bonheur dont il soit susceptible. Si la félicité céleste n'offrait qu'un type unique, comme le voudrait la théorie orthodoxe, il y aurait toujours des personnes qui s'en fatigueraient et d'autres qui ne pourraient en jouir, soit que leurs goûts les portassent dans une direction différente, soit qu'elles y fussent mal préparées par leur éducation passée. Faut-il ajouter que, si la vie céleste devait durer éternellement, il y aurait une injustice flagrante à récompenser d'une manière uniforme tous ceux qui y parviennent, sans tenir compte de leur mérite personnel ?

Pour les parents et les amis, il est difficile d'imaginer rien d'aussi satisfaisant. Si le défunt pouvait suivre dans ses fluctuations la fortune des amis restés ici-bas, tout bonheur lui serait impossible ; si, d'autre part, ignorant ce qui leur advient, il devait attendre leur mort avant de le retrouver, une période d'attente pénible, souvent prolongée pendant bien des années, lui serait imposée ; sans compter que, très souvent, l'ami serait si changé qu'il n'éveillerait plus la même sympathie.

Grâce aux sages dispositions prises par la nature, toutes ces difficultés sont évitées ; l'homme détermine lui-même le caractère et la durée de sa vie céleste par les causes qu'il a générées pendant sa vie terrestre ; il obtient donc infailliblement la *quantité* qu'il a méritée, et la *quantité* de joie qui convient le mieux à son tempérament. Ceux qu'il aime le plus ne le quittent jamais et ne lui montrent que le côté le plus noble et le plus élevé de leur nature ; enfin nulle ombre de désaccord ou de changement ne peut s'élever entre eux, puisqu'il reçoit toujours de ses amis exactement ce qu'il désire. Oui, la réalité est infiniment supérieure à tout ce que l'imagination humaine a pu nous offrir à sa place. Et comment s'en étonner ? Ces spéculations représentaient l'idée que l'homme se fait d'une existence parfaite ; mais la vérité est l'idée Divine.

Le renoncement à la vie céleste

Les étudiants de l'occulte savent depuis longtemps que, parmi les possibilités d'avancement plus rapides mises à la portée de l'homme à mesure qu'il progresse, il a celle de « renoncer à la récompense Dévakhanique », pour employer l'expression consacrée ; en d'autres termes, de renoncer à la vie de béatitude qui l'attend dans le ciel entre deux incarnations, afin de reprendre plus vite sa tâche sur le plan physique. L'expression citée n'est pas très heureuse, et nous nous ferons sans doute une idée beaucoup plus correcte de la vie céleste en voyant en celle-ci moins la récompense de la vie terrestre que sa conséquence directe. Au cours de son existence physique, l'homme génère, par ses pensées et ses aspirations les plus hautes ce qui pourrait s'appeler une certaine somme de force spirituelle ; celle-ci réagira sur lui lorsqu'il atteindra le plan mental. Si cette force est peu abondante, à son prompt épuisement correspondra une vie céleste de courte durée ; si au contraire elle est considérable, elle mettra d'autant plus de temps à s'épuiser, et le séjour céleste se prolongera considérablement.

Ainsi, à mesure que l'homme développe sa nature spirituelle, il vit de plus en plus longtemps dans le monde céleste, sans que pour cela ses progrès en deviennent plus lents ou qu'il ait moins d'occasion d'être utile à ses semblables. Le séjour dévakhanique est absolument nécessaire pour tous ceux qui n'ont pas encore atteint un degré de développement considérable ; lui seul permet la transformation des aspirations en facultés, des expériences en sagesse. L'homme fait ainsi des progrès bien plus grands que si, par miracle, il pouvait prolonger son incarnation physique jusqu'au moment de prendre un corps nouveau. Autrement, il est évident que toute la Loi naturelle serait en contradiction avec elle-même, car, plus elle se rapprocherait de la grande fin qu'elle a pour objectif et plus ses efforts pour déjouer ses propres intentions seraient déterminés et formidables. Il serait absurde de prêter des contradictions pareilles à une loi que nous savons être l'expression de la plus sublime sagesse.

La possibilité de renoncer à la vie céleste est loin d'être à la portée de tout le monde. La Grande Loi ne permet à personne de renoncer en aveugle à des biens qu'il ignore, ni à s'écarter de la ligne évolutive normale avant le jour où il pourra en retirer des avantages bien certains.

En règle générale, nul n'est à même de renoncer à la béatitude céleste avant de l'avoir goûtée pendant la vie terrestre avant d'être assez développé pour pouvoir élever sa conscience jusqu'au plan mental et en rapporter ici-bas le souvenir clair et complet d'une gloire dont rien, sur la terre, ne saurait donner une idée.

Un instant de réflexion mettra en évidence la raison et l'équité de cette disposition. Le progrès de l'âme, pourrait-on dire, étant en réalité sel en question, il suffirait qu'elle comprît sur son propre plan l'utilité de renoncer au bonheur céleste et qu'elle obligeât le moi inférieur à se conformer à sa décision. Mais ce ne serait pas là une solution bien équitable, car, si l'Ego possède le droit de jouir sur les niveaux roupa des joies dévakhaniques, c'est seulement en vertu de la personnalité par laquelle il s'est manifesté ; c'est la vie de cette personnalité, dans son cadre personnel et familier, qui passe dans le monde céleste inférieur. Avant de pouvoir renoncer à tout cela, il faut donc que la personnalité comprenne bien les avantages qu'elle sacrifie ; le mental inférieur et le mental supérieur doivent être d'accord.

Or, pour qu'il en soit ainsi, il faut évidemment posséder dès ici-bas, sur le plan mental, un degré de conscience équivalent à celui que l'on posséderait après la mort. N'oublions pas, non plus, que l'évolution de la conscience procède en quelque sorte de bas en haut. Les hommes, étant pour la plupart relativement peu développés, ne sont encore vraiment conscients que dans le corps physique. Le corps astral est en général encore amorphe et mal organisé; s'il forme le trait d'union entre l'Ego et son vêtement physique, il est loin d'être un instrument que l'homme proprement dit puisse employer; rien de commun entre son état présent et les pouvoirs que l'homme exercera un jour sur le plan astral.

Dans les races humaines les plus avancées, le corps astral est beaucoup plus développé; souvent la conscience qui en est revêtue est potentiellement assez complète, sans pourtant, dans la plupart des cas, que l'homme ait cessé d'être entièrement replié sur lui-même et beaucoup plus conscient de ses propres pensées que du monde qui l'entoure. Quelques-uns de nos membres, étudiants de l'occulte, ont fait un pas de plus : ayant été complètement éveillés sur ce plan, ils sont entrés en possession complète de leurs facultés astrales et en retirent des avantages nombreux et considérables.

Ceci, néanmoins, n'implique pas nécessairement que ces personnes puissent, dès le début, et même avant longtemps, rapporter sur le plan physique le souvenir de leurs activités et de leurs expériences astrales. En règle générale, ils le pourraient partiellement et par intermittence, mais il y a des cas dans lesquels, pour diverses raisons, rien de ce qui pourrait s'appeler le souvenir de cette existence supérieure n'est capable de se frayer un passage jusqu'au cerveau physique.

Un degré quelconque de conscience sur le plan mental serait, bien entendu, une preuve d'avancement plus grand encore. S'agit-il d'un homme dont le développement est parfaitement normal et régulier, il ne faudrait pas s'attendre à voir naître la conscience nouvelle avant que l'astral et le physique ne soient bien réellement mis en rapport. Mais dans cet état déséquilibré et artificiel que nous appelons la civilisation moderne, le développement humain n'est pas toujours bien régulier et bien normal; aussi peut-il arriver que, dans certains cas, un degré de conscience assez marqué soit atteint sur le plan mental et se greffe sur la vie astrale, sans que la connaissance de toute cette existence supérieure parvienne jamais au cerveau physique.

Ces cas sont fort rares, mais il est incontestable qu'il en existe, et ils donnent immédiatement à supposer que notre règle comporte peut-être une exception. Une personnalité de ce genre pourrait être assez avancée pour goûter l'ineffable béatitude du ciel et, par suite, avoir le droit d'y renoncer, sans cependant être capable de rapporter le souvenir de cette renonciation, plus bas que son existence astrale. Mais comme, d'après notre hypothèse, la personnalité jouirait dans cette existence d'une conscience pleine et entière, un souvenir semblable suffirait amplement pour satisfaire la loi de justice, même si à l'état de veille l'homme n'en conservait pas la plus vague impression. Le point important à retenir est celui-ci. Puisque c'est la personnalité qui est appelée à renoncer au séjour céleste, c'est elle aussi qui doit en faire l'expérience et il faut qu'elle en rapporte le souvenir sur un plan où son activité est normale et entière, ce plan pouvant d'ailleurs ne pas être le physique, si les conditions requises sont réunies sur l'astral. Pour qu'un cas semblable soit possible, il faut être tout au moins élève en probation de l'un des Maîtres de la Sagesse.

L'homme qui veut accomplir ce grand acte devra donc chercher de toutes ses forces, de toute son âme, à devenir un instrument utile entre les mains de ceux qui assistent l'humanité ; il devra se consacrer avec le dévouement le plus absolu au bien spirituel de ses semblables ; il n'aura pas la fatuité de se croire déjà digne d'un tel honneur, mais espérera humblement qu'après une ou deux existences d'efforts soutenus, son Maître lui dira peut-être que l'heure est venue où, pour lui aussi, le choix est permis.

Le monde céleste supérieur

Quittant les quatre niveaux inférieurs ou « roupa » du plan mental, milieu normal de l'homme pendant la durée de sa personnalité temporaire, considérons maintenant les trois niveaux supérieurs ou « aroupa », sa patrie véritable et relativement permanente. Là si ses yeux sont ouverts, ils voient nettement, car il s'est élevé au-dessus des illusions personnelles et du moi inférieur, ce prisme déformant. Sa conscience peut être faible, rêveusement absorbée, à peine en éveil, mais sa vue, bien que limitée, n'en est pas moins juste. Les conditions de la conscience sont devenues si absolument différentes de ce que nous connaissons ici-bas, que les termes employés en psychologie sont tous inutiles et risquent de nous induire en erreur. Ce niveau du plan mental a été appelé le règne du *noumène*, par opposition au règne du *phénomène*, le monde *sans formes* par opposition au monde *des formes*;

il faut cependant y voir un monde manifesté, très réel pour l'observateur qui le compare aux irréalités des états inférieurs ; ce sont bien des formes qui s'y rencontrent, bien qu'elles soient d'une substance raréfiée et d'une essence subtile.

Quand s'achève la période généralement appelée la vie céleste, une autre phase d'existence s'ouvre pour l'âme avant que ne sonne pour elle l'heure de renaître ici-bas. Pour la plupart des hommes, ce temps est relativement court, il faut néanmoins le mentionner si nous voulons tracer un tableau complet de la vie humaine hyperphysique.

S'il nous arrive sans cesse de mal comprendre l'existence de l'homme, c'est que nous avons l'habitude de l'envisager d'une manière incomplète, oubliant absolument sa nature réelle et son but. Au fond, nous la considérons généralement au point de vue du corps physique et pas le moins du monde au point de vue de l'âme. Aussi toutes les proportions sont-elles faussées. Chaque mouvement rapprochant l'Ego de ces plans inférieurs pour l'en écarter ensuite, forme en réalité une vaste courbe circulaire. Prenant une partie infime de l'arc inférieur de cette circonférence, nous la regardons comme une ligne droite et attachons ainsi à son commencement et à sa fin une importance inutile, tandis que la notion réelle du mouvement circulaire nous échappe entièrement.

Essayez pendant un instant d'envisager la question telle qu'elle doit apparaître à l'homme véritable sur le plan d'existence qui lui est propre, dès qu'il commence à y être nettement conscient. Il obéit au désir de manifestation qu'il trouve en soi, désir qui lui a été inspiré par la loi évolutive ou volonté du Logos et, imitant l'action divine, il se répand dans les plans inférieurs.

En même temps il se revêt de la matière des différents plans qu'il traverse : plan mental, astral, physique dans sa marche constante vers l'extérieur. Au début du petit fragment d'existence sur le plan physique, appelé par nous sa vie, la force centrifuge est encore puissante, mais vers le milieu généralement, la force s'était épuisée, la grande courbe du retour commence.

Point de changement brusque ou violent, car ce n'est pas un angle, mais toujours la circonférence du même cercle. Tel l'instant de l'aphélie dans la course d'une planète autour de son orbite. C'est le point tournant du petit cycle évolutif qui revient sur lui-même. Nous ne marquons habituellement d'aucun signe ce changement de direction, mais dans l'Inde ancienne il coïncidait avec la fin de la période du *Grihastha* ou père de famille.

Toutes les forces de l'homme devraient dès lors, sans défaillance, refluer vers le centre ; il devrait détacher de plus en plus son attention des objets terrestres et la concentrer sur les plans supérieurs. C'est dire combien les conditions modernes de la vie européenne sont contraires au progrès réel.

Sur cette partie de l'arc évolutif, le moment où l'homme se détache du corps physique a peu d'importance. Le changement suivant en a beaucoup plus ; nous pourrions l'appeler la mort sur le plan astral et la naissance dans le monde céleste, bien qu'il consiste simplement en un transfert de la conscience quittant la matière astrale pour la matière mentale, au cours du reflux régulier dont j'ai déjà parlé plus haut.

Le résultat final de l'existence reste inconnu tant que, dans ce processus de retraite, la conscience n'est pas revenue à son centre, l'Ego dans sa patrie, le monde céleste supérieur ; alors, les qualités nouvelles acquises au cours de ce petit cycle évolutif sont mises en évidence. C'est alors aussi que l'homme obtient un aperçu général de sa vie passée. Pendant un instant et comme un éclair, une acuité de conscience plus pénétrante vient illuminer l'âme qui voit les résultats de sa dernière existence et, dans une certaine mesure, leurs conséquences dans sa vie prochaine. Cet aperçu fugitif ne permet pas, bien entendu, sauf d'une manière extrêmement vague et générale, de savoir la nature de la prochaine incarnation. Sans doute l'objet principal serait entrevu, mais le grand avantage de cette vision serait pour l'âme de lui montrer les conséquences karmiques de ses actes passés ; elle lui fournit une occasion dont elle profitera plus ou moins suivant son degré de développement.

Tout d'abord l'âme en profite peu, car sa conscience est rudimentaire, à peine capable de saisir et de coordonner les faits ; graduellement se développe en elle la faculté d'apprécier ce qu'elle voit ; plus tard enfin elle parvient à se rappeler l'illumination marquant la fin de chaque vie, à comparer entre elles ces révélations fugitives et ainsi à juger du chemin parcouru.

Troisième sous-plan ; le cinquième ciel

Ce sous-plan, le moins élevé des sous-plans « aroupa », est aussi de beaucoup le plus peuplé de toutes les régions qui nous sont connues, car les soixante milliards d'âmes humaines actuellement en cours d'évolution y sont presque toutes présentes, les seules exceptions étant les âmes relativement rares capables de fonctionner sur les deuxième et premier sousplans. Chaque âme y présente l'aspect d'une forme ovoïde, d'abord simple pellicule incolore, presque invisible et d'une consistance impalpable. Mais, à mesure que l'Ego progresse, l'enveloppe revêt une iridescence chatoyante ressemblant à celle d'une bulle de savon ; des nuances se jouent à sa surface, comme les couleurs changeantes dont s'illumine au soleil la poussière d'eau d'une cascade.

Composée d'une matière prodigieusement ténue, subtile, éthérée, animée d'une énergie intense, d'une flamme qui palpite et qui vit, elle devient en se développant un globe resplendissant, aux couleurs radieuses ; des vibrations rapides font naître à sa surface des ondes aux nuances changeantes, nuances inconnues ici-bas, d'un éclat, d'une douceur et d'une luminosité impossibles à décrire. Ajoutez à la gloire d'un coucher de soleil égyptien la douceur merveilleuse d'un beau soir d'Angleterre ; supposez cet éclat, cette transparence et cette splendeur se surpassant eux-mêmes, autant qu'ils surpassent déjà les tons que donnerait la boîte à couleurs d'un enfant, vos efforts seront vains : nul ne pourrait imaginer, sans l'avoir contemplée, la beauté de ces globes radieux qui fulgurent dans le champ de la vision clairvoyante quand elle parvient à s'exercer dans ce monde sublime. Les corps causals sont tous remplis d'un feu vivant qui descend d'un plan supérieur ; celui-ci semble relié à chaque globe par un fil vibrant, prodigieusement lumineux et rappelant d'une manière frappante la stance de Dzyan : *L'Étincelle est suspendue à la Flamme par le fil le plus ténu de Fohat.* A mesure que l'âme se développe et devient plus capable de s'ouvrir à l'inépuisable océan spirituel qui se déverse par le fil comme par un canal, ce fil se dilate, se prête de plus en plus au passage du flot divin jusqu'à ce que, sur le plan suivant, il ressemble à une trombe unissant le ciel et la terre. Plus haut encore, il s'est transformé en un globe immense à travers lequel se précipite la source vivante, et le corps causal semble se fondre dans la lumière qui l'inonde.

Le fil, disent encore les Stances, *le fil qui unit le Veilleur Silencieux à son Ombre, devient plus fort et plus radieux à chaque Changement. La Lumière Solaire du Matin s'est changée en l'éclat glorieux du*

Midi. Voilà ta Roue actuelle, dit la Flamme à l'Étincelle. Tu es moi-même, mon Image et mon Ombre. Je me suis vêtue de toi et tu es mon vâhan, jusqu'au Jour-sois-avec-nous, où tu redeviendras moi-même et d'autres, toi-même et moi.

Il est possible de distinguer les âmes en possession d'un corps physique des âmes qui jouissent de l'état désincarné, car les vibrations à la surface des globes sont alors d'un type différent ; aussi est-il facile, sur le troisième sous-plan, de savoir du premier coup d'oeil si un individu est ou non en incarnation. L'immense majorité dans le corps ou hors du corps, semble rêver, n'est consciente qu'à demi, et cependant les simples pellicules incolores sont rares. Les âmes complètement éveillées sont de notables et brillantes exceptions ; resplendissant dans la foule de leurs congénères plus ternes, comme des étoiles de première grandeur. Entre celles-ci et les moins développées s'échelonnent les proportions et les beautés de couleur les plus variées, dont chacune représente avec exactitude le degré d'évolution atteint.

La plupart des âmes ne sont pas encore arrivées, quelle que soit leur conscience, à la maturité nécessaire pour comprendre le but et les lois de l'évolution qui les entraîne ; elles cherchent à s'incarner, poussées par la Volonté Cosmique et aussi par « tanhâ », désir aveugle de la vie manifestée, recherche d'une région où puisse se trouver, avec la sensation, la conscience de vivre. Dans leurs stades primitifs, ces âmes rudimentaires ne peuvent sentir les vibrations extrêmement rapides et pénétrantes de la matière d'ordre exalté, propre à leur plan d'origine ; les mouvements violents et grossiers, mais comparativement lents, de la matière plus lourde appartenant au plan physique sont les seuls qui puissent les émouvoir. Elles ne peuvent donc se sentir vivre que sur le plan physique. De là leur ardent désir de renaître ici-bas.

Cette tendance s'accorde donc exactement pendant un certain temps avec la loi gouvernant leur évolution. Les âmes ne peuvent se développer qu'à l'aide des impacts extérieurs : peu à peu, à mesure qu'elles s'éveillent, elles commencent à y répondre, mais pendant l'état rudimentaire dont nous parlons elles ne peuvent les recevoir que pendant la vie terrestre. Lentement leur faculté de réponse grandit, elles deviennent conscientes, d'abord des vibrations physiques les plus hautes et les plus rapides, puis — mais plus lentement encore — des vibrations du plan astral. Après quoi leurs corps astrals qui, jusqu'alors, étaient de simples ponts leur transmettant les sensations, deviennent graduellement des véhicules bien organisés dont elles peuvent se servir, et les émotions commencent à remplacer comme centre de conscience les sensations purement physiques.

Plus tard, toujours en s'instruisant sous l'action des impacts extérieurs, les âmes apprennent à « centrer » leur conscience dans le corps mental, à vivre dans les images mentales qu'elles se sont formées et à s'en inspirer — par suite à soumettre leurs émotions au contrôle intellectuel. Encore une étape sur l'interminable route, et le centre, se déplaçant de nouveau, atteint le corps causal. Dès lors les âmes comprennent la nature de leur véritable vie ; par cela même elles ont atteint un sous-plan plus élevé que celui qui nous occupe et l'humble existence terrestre ne leur est plus nécessaire. Pour le moment nous considérons la majorité moins développée qui, dans l'océan de la vie, allonge encore d'aveugles, de flottants tentacules : je veux parler des personnalités représentant les âmes sur les plans inférieurs de l'existence. Ces âmes, il est vrai, ignorent encore qu'elles se nourrissent et qu'elles croissent au moyen des personnalités : elles ne voient rien de leur passé, rien de leur avenir, n'étant pas conscientes encore sur leur propre plan.

Cependant, grâce à l'expérience que, petit à petit, elles acquièrent et assimilent, le sentiment que certains actes sont bons et d'autres mauvais s'éveille en elles ; il se traduit chez la personnalité par le premier éveil de la conscience, par l'idée du bien et du mal. Ces notions se développent et graduellement, dans la nature inférieure, s'affirment avec une netteté toujours plus grande, donnant ainsi à la conduite une impulsion plus marquée.

Nous avons parlé d'un éclair illuminant un instant la conscience ; il permet aux âmes les plus avancées, sur ce sous-plan, de se développer jusqu'au point où, parvenant à étudier leur passé, elles remontent du présent jusqu'à ses causes. Ce coup d'oeil en arrière est pour elles fort instructif ; les impulsions venant d'en haut deviennent plus nettes et plus précises et se traduisent dans la conscience inférieure sous la forme de convictions inébranlables et d'intuitions impératives.

A peine est-il nécessaire de répéter que les images mentales des niveaux « roupa » ne peuvent passer dans le monde céleste supérieur. Toute illusion s'est dissipée ; chaque âme connaît sa parenté véritable, la voit et se voit dans sa propre nature royale sous l'aspect de l'homme vrai, de l'homme immortel qui passe de vie en vie, sans que les liens inséparables de sa nature propre se rompent jamais.

Deuxième sous-plan ; le sixième ciel

De la région aux habitants innombrables que nous venons de considérer, nous passons dans un monde moins peuplé. Il semble que nous soyons transportés d'une grande ville dans une campagne paisible, car l'état actuel de l'évolution humaine n'a vu qu'une faible minorité s'élever jusqu'à ce niveau plus exalté, où l'âme la moins avancée est parfaitement consciente d'elle-même comme de son entourage. Capable, du moins jusqu'à un certain point, de passer en revue son passé, l'homme sur ce niveau n'ignore pas l'objet et la marche de l'évolution ; sachant qu'il a pour but son propre développement, il reconnaît les différentes existences physiques et posthumes pendant lesquelles il revêt des véhicules inférieurs ; il considère sa personnalité comme faisant partie de lui-même, s'efforce de la diriger et puise dans sa connaissance du passé comme un trésor d'expériences lui permettant de formuler des principes de conduite et de discerner, avec une conviction nette et inébranlable, le bien et le mal ; il agit ainsi sur le mental inférieur, en contrôle et en dirige les activités. Au début de son séjour sur ce niveau il ne parvient pas, bien souvent, à faire comprendre logiquement à son mental inférieur la raison des principes qu'il lui impose ; il les lui impose néanmoins de la manière la plus précise, et des idées abstraites comme celles de vérité, de justice et d'honneur deviennent dans sa vie mentale inférieure des conceptions indiscutées et souveraines.

Certaines règles de conduite qui, sanctionnées par la société, la nation et la religion, guident l'homme dans la vie quotidienne, peuvent être emportées par une tentation subite, par une vague irrésistible de désir et de passion ; mais il y a certaines actions que l'homme évolué est *incapable* de commettre, car elles sont diamétralement opposées à sa propre nature : il ne peut mentir, ni trahir, ni se conduire d'une manière déshonorante. Au plus profond de son être sont enracinés certains principes ; impossible de les vicier, quels que soient la pression des circonstances ou le torrent des tentations, car ces principes sont la vie même de l'âme. D'autre part, si l'Ego parvient à guider de la sorte son véhicule inférieur, la nature et les activités de ce véhicule ne lui apparaissent souvent que d'une manière imprécise et vague ; il n'aperçoit les plans inférieurs qu'obscurément, en comprend la nature essentielle plus que les détails. Son évolution sur ce plan consiste à entrer en contact, d'une manière toujours plus consciente et plus directe, avec la personnalité qui le représente si mal ici-bas.

    Le lecteur comprendra, dès lors, que les âmes poursuivant délibérément le développement spirituel peuvent seules vivre sur ce niveau. Aussi s'ouvrent-elles déjà largement aux influences venant des plans supérieurs. Le canal de communication grandit, s'élargit et donne passage à un courant plus fort. Sous cette influence la pensée acquiert une acuité et une netteté singulières, même chez les hommes les moins développés ce qui se traduit dans le mental inférieur par une disposition marquée pour la pensée philosophique et abstraite. Chez les personnes d'une évolution plus avancée, le champ de la vision s'élargit considérablement ; leur regard pénétrant remonte le passé, voit croître les causes, suit la marche de leurs conséquences et note les effets ultimes qui n'ont encore pu s'épuiser.

    Les âmes vivant sur ce plan sont à même de faire de grands progrès quand elles sont délivrées du corps physique ; car elles peuvent y recevoir les leçons d'entités plus hautes et entrer en contact direct avec leurs instructeurs. Aux tableaux mentals ont succédé des éclats de lumière impossibles à décrire. L'essence même de l'idée fuse comme une étoile d'une âme à une autre et ses corrélations, s'exprimant en ondes lumineuses qui émanent de l'étoile centrale, n'ont pas besoin de s'énoncer d'une manière séparée. Une pensée est comme une lumière placée dans une chambre : elle éclaire tous les objets qui l'entourent et rend leur description inutile.

Premier sous-plan ; le septième ciel

C'est le plus glorieux niveau du monde mental. Notre humanité y est peu représentée, car sur ces altitudes ne vivent que les Maîtres de Sagesse et de Compassion et, avec Eux, leurs élèves initiés. Que dire de la beauté que revêtent ici la forme, la couleur et le son ? Le langage humain n'a pas de mots pour exprimer ces splendeurs incomparables. Bornons-nous à dire qu'elles existent et qu'elles revêtent de leur gloire des hommes de notre race, prémices de ce que nous serons un jour, fruits parfaits dont la semence germa dans des plans plus humbles. Ces hommes ont terminé leur évolution mentale ; leur nature supérieure resplendit à travers leurs enveloppes inférieures. Pour leurs regards la personnalité n'a plus de voile trompeur. Sachant et constatant qu'ils ne sont pas leur nature inférieure, ils l'emploient simplement comme un moyen d'expérience. Elle peut encore être pour les moins avancés une entrave et un obstacle, mais aucun ne peut désormais commettre la faute de confondre le véhicule avec le Moi qui l'emploie. La raison en est que leur conscience passe sans solution de continuité, non seulement de journée en journée, mais aussi de vie en vie. Leurs existences d'autrefois ne représentent pas pour eux le passé ; elles sont toujours présentes à leur conscience et leur semblent continuer une existence unique plutôt que des vies multiples.

A une semblable hauteur, l'âme est aussi consciente du monde céleste inférieur que de son propre niveau. Y est-elle représentée par des formes-pensées dans la vie dévakhanique de ses amis, elle peut en tirer tout le parti possible. Sur le troisième sous-plan et même sur le niveau inférieur du second, elle n'était que vaguement consciente des sous-plans au-dessus et n'agissait guère sur les formes-pensées que d'une manière instinctive et automatique. Mais dès qu'elle a franchement passé au deuxième sous-plan, sa vue devient rapidement plus claire. L'âme voit alors avec plaisir dans les formes-pensées des véhicules au moyen desquels il lui est possible de s'exprimer, à certains égards, plus complètement qu'autrefois par sa personnalité.

Maintenant, fonctionnant dans le corps causal, au sein de la lumière magnifique et des splendeurs du ciel suprême, sa conscience est instantanément et parfaitement active sur tous les points des divisions inférieures sur lesquels se porte son attention ; aussi l'âme peut-elle à volonté animer les formes-pensées d'une énergie additionnelle, si elle veut les employer pour instruire ses semblables.

De ce niveau, le plus exalté du monde mental, descendent la plupart des influences émanant des Maîtres de la Sagesse qui travaillent à l'évolution humaine. Les Maîtres agissent directement sur nos âmes, répandent en elle l'inspiration et l'énergie et par là stimulent la croissance spirituelle qui développe l'intelligence et purifie les émotions. C'est la source de lumière où puise le génie ; c'est la puissance directrice qui seconde tous les efforts. La lumière du soleil, issue d'un centre unique, rayonne dans toutes les directions, et les corps qu'elle frappe l'assimilent chacun à sa manière. Les Frères Aînés de l'humanité laissent de même tomber sur toutes les âmes la lumière et la vie qu'ils ont la mission de répandre ; chacun de nous en assimile ce qu'il peut et, par là, croît et se développe. C'est ainsi que la gloire suprême du monde céleste se confond, comme partout ailleurs, avec la gloire de servir. Ceux dont l'évolution mentale est accomplie sont les sources jaillissantes où les âmes encore en marche vers les cimes peuvent puiser la force.

II. — Habitants non-humains

En essayant de décrire les habitants non-humains qui se rencontrent sur le plan mental, nous nous heurtons immédiatement à la plus insurmontable difficulté ; car, en abordant le septième ciel, nous entrons en contact pour la première fois avec un plan dont l'extension est cosmique, sur lequel par conséquent peuvent se rencontrer maintes entités que notre langage humain est incapable de décrire. Pour ne pas sortir du cadre du présent ouvrage, nous ferons sans doute bien de ne pas nous occuper des êtres innombrables dont la sphère d'action est cosmique, et de ne parler ici que des habitants propres au plan mental de notre chaîne. Le lecteur se rappellera peut-être que dans le manuel traitant du *Plan Astral*, nous avons procédé ainsi et renoncé à décrire les êtres venus d'autres planètes ou d'autres chaînes. Bien que des visiteurs de ce genre, peu connus sur le plan astral, soient beaucoup plus nombreux sur le plan mental, je crois préférable d'observer une fois de plus la même règle. Il suffira donc de consacrer quelques lignes à l'essence élémentale du plan mental et aux catégories du royaume Déva qui s'y rattachent directement. L'extrême difficulté de présenter au lecteur ces idées relativement simples montrera pleinement combien il serait impossible d'en aborder d'autres, forcément beaucoup plus compliquées.

L'essence élémentale

On sait qu'il est dit dans une des premières lettres reçues d'un de nos Instructeurs Adeptes, qu'on ne saurait, sans être initié, comprendre la nature des premier et deuxième règnes élémentals. Quelle ne sera donc pas la difficulté d'en entreprendre la description sur le plan physique ! Essayons tout d'abord de formuler, aussi clairement que possible, ce qu'est en réalité l'essence élémentale ; car sur ce point les idées sont souvent fort inexactes, même parmi les personnes versées dans la littérature théosophique.

Définition

L'essence élémentale est simplement le nom donné, pendant certaines périodes évolutives reculées, à l'essence monadique. Cette dernière à son tour peut être définie : l'effusion, dans la matière, de la Vie Divine provenant du deuxième Logos. Chacun sait qu'avant d'arriver au degré d'individualisation qui donne naissance au corps causal humain, cette effusion a traversé successivement, en leur servant d'âme, les six phases évolutives inférieures : je veux parler des règnes animal, végétal, minéral et des trois règnes élémentals. Lorsqu'elle traverse ces différents états, on l'a parfois nommée, suivant le cas, la monade animale, végétale ou minérale. Ces expressions sont, il est vrai, tout à fait impropres, car la Vie Divine est devenue, bien avant d'atteindre aucun de ces règnes, non pas une mais de *nombreuses* Monades. Le terme a été adopté quand même pour exprimer cette idée que, si la différenciation de l'essence monadique a commencé depuis longtemps, elle n'a cependant pas été portée jusqu'au point où commence l'individualisation. Quand cette essence monadique manifeste son énergie dans les trois grands règnes élémentals précédant le règne minéral, elle reçoit le nom d'« essence élémentale ».

Comment l'esprit se voile

Mais, avant de pouvoir comprendre le caractère de l'essence monadique et la façon dont elle se manifeste sur les différents plans, suivons la marche de l'esprit se voilant de matière, à mesure qu'il descend vers les plans inférieurs. Il ne s'agit pas en ce moment de la formation primitive de la matière des différents plans, mais simplement de la descente d'une nouvelle vague évolutive dans une matière déjà existante.

Avant la période qui nous occupe, cette vague de vie a, pendant des âges sans nombre, poursuivi son évolution dans des conditions que nous ne pouvons guère comprendre, se revêtant d'enveloppes successives constituées par les atomes, les molécules et les cellules. Mais, laissant là pour l'instant tout le commencement de sa prodigieuse histoire, bornons-nous à considérer sa descente dans des plans un peu plus accessibles à l'intelligence humaine, mais néanmoins infiniment plus élevés que le simple niveau physique.

Quand l'esprit, séjournant sur un plan quelconque (peu importe lequel), dans sa marche descendante qui l'engage dans la matière, est obligé par la force irrésistible de sa propre évolution à descendre d'un degré et à passer dans le plan immédiatement inférieur, il doit, afin de pouvoir s'y manifester, s'envelopper tout au moins de la matière atomique de ce plan inférieur, se constituer avec cette matière un corps, un voile dont il sera lui-même l'âme et l'énergie intime. De même quand l'esprit continuant sa descente aborde un troisième plan, il doit s'entourer de la matière atomique du troisième plan considéré.

Pourtant, la force animant cette entité — son âme en quelque sorte — n'est plus l'esprit tel qu'il était sur le plan supérieur où nous l'avons trouvé tout d'abord ; c'est maintenant l'esprit plus le voile atomique du deuxième sous-plan traversé. L'effusion spirituelle aborde-t-elle un quatrième plan, l'entité devient plus complexe encore, car le corps formé de la matière constitutive du quatrième plan aura pour âme l'esprit revêtu de deux voiles, c'est-à-dire de la matière atomique des deuxième et troisième plans. Comme le processus se répète pour chaque plan du système solaire, la force primitive finit, en arrivant à notre niveau physique, par être si bien dissimulée qu'il ne faut guère s'étonner de voir souvent les hommes méconnaître absolument sa nature spirituelle.

Supposons par exemple qu'un clairvoyant ordinaire et inexpérimenté entreprenne l'étude de la monade minérale, l'examen de la force vitale qui est derrière le règne minéral. Il est à peu près certain que la vision de ce clairvoyant n'ira pas plus loin que le plan astral; elle y sera même probablement très imparfaite. Pour cet observateur la force en question semblera donc simplement astrale. S'agit-il au contraire d'un étudiant avancé, mettant en jeu des moyens d'observation d'un degré supérieur, il constatera que ce que le clairvoyant prend pour de la force astrale est simplement de la matière atomique astrale mise en mouvement par une force venant de la région atomique du plan mental. Un étudiant plus instruit encore pourra voir que la matière atomique mentale n'est elle-même qu'un véhicule soumis à l'action d'un principe résidant dans le sous-plan bouddhique le plus élevé. Pour l'Adepte enfin la matière bouddhique n'est que le véhicule du principe nirvânique. La force qui pénètre et emploie les voiles successifs est en dernière analyse extérieure au plan cosmique-prakritique tout entier ; elle n'est, en vérité, qu'une des manifestations de la Force Divine.

Les règnes élémentals

L'essence élémentale que nous trouvons sur le plan mental constitue le premier et le second des grands règnes élémentals. Une onde de Vie Divine, après avoir terminé dans sa marche ascendante son séjour sur le plan bouddhique, envahit le septième ciel et anime des masses immenses de matière atomique mentale, devenant ainsi l'essence élémentale du premier grand règne. C'est là sa condition la plus simple. Pendant cette période, elle ne réunit pas les atomes en molécules afin de s'en revêtir, mais les soumet au moyen de l'attraction qu'elle exerce, à une force de compression énorme. Au moment où, dans sa descente, elle atteint le plan qui nous occupe, nous pouvons nous représenter cette force comme tout à fait inaccoutumée à ses vibrations et d'abord incapable d'y répondre. Durant les âges qu'elle passe sur ce niveau, elle apprend — et c'est en quoi consiste son évolution — à répondre à tous les taux vibratoires qui y sont possibles jusqu'au moment où elle peut indistinctement animer et employer toutes les combinaisons de matière propres à ce plan. Au cours de cette longue période évolutive, elle passe par toutes les combinaisons possibles sur les trois niveaux « aroupa »; puis elle retourne au niveau atomique — non pas, bien entendu, telle qu'elle était au début, mais contenant à l'état potentiel toutes les facultés acquises.

Dans la période suivante, elle gagne le quatrième sous-plan mental, c'est-à-dire le niveau « roupa » le plus élevé, et emprunte à cette subdivision assez de matière pour s'en faire un corps. Elle est dès lors l'essence élémentale du second règne, dans sa plus simple expression. Mais comme précédemment elle revêt, à mesure qu'elle progresse, des voiles nombreux et variés, formés de toutes les combinaisons possibles de la matière des sousplans inférieurs.

On pourrait supposer, et ce serait fort naturel, que ces règnes élémentals qui existent et fonctionnent sur le plan mental, dussent être évidemment beaucoup plus avancés dans leur évolution que le troisième règne limité au plan astral, puisqu'ils se trouvent à un niveau beaucoup plus élevé. Il n'en est rien cependant. N'oublions pas qu'en parlant de cette phase de l'évolution, « plus élevé » ne signifie pas comme ailleurs plus avancé, mais au contraire moins avancé. Il s'agit en ce moment de l'essence monadique encore engagée dans la courbe évolutive descendante. Le progrès de l'essence élémentale consiste donc à s'enfoncer dans la matière et non pas, comme c'est le cas pour le nôtre, à s'élever vers des plans supérieurs. Si l'étudiant perd de vue ce principe ou le saisit mal, il se trouvera constamment en présence d'anomalies déroutantes, et ne comprendra qu'à demi cette face de l'évolution.

Le manuel du *Plan Astral* décrit assez longuement les caractères généraux de l'essence élémentale ; tout ce qu'il dit du nombre de subdivisions contenues dans les différents règnes, et de leur propriété merveilleuse d'être impressionnés par la pensée humaine, est également vrai sur ces niveaux célestes. Peut-être n'est-il pas inutile d'expliquer en quelques mots le rapport qui existe entre les sept subdivisions horizontales de chaque règne et les différentes parties du plan mental. Considérons d'abord le premier règne : sa subdivision la plus haute correspond au premier sous-plan, tandis que les deuxième et troisième sous-plans sont respectivement divisés en trois parties dont chacune est occupée par l'une des subdivisions élémentales. Le deuxième règne correspond au monde céleste inférieur ; sa subdivision la plus haute correspond au quatrième sous-plan, tandis que les cinquième, sixième et septième sous-plans se divisent chacun en deux parties et sont occupés par le reste du règne élémental.

L'essence et son mode d'évolution

Nous avons parlé trop longuement, dans les premières pages de ce manuel, de l'action de la pensée sur l'essence élémentale pour qu'il soit utile de revenir sur cette partie de notre étude. Mais il ne faut pas perdre de vue qu'ici l'essence est peut-être plus instantanément sensible à l'action de la pensée qu'elle ne l'est sur le plan astral. Nos investigateurs ont été constamment frappés de sa prodigieuse sensibilité à l'impact mental le plus léger. Pour juger cette propriété à sa juste valeur, il faut bien comprendre que la vie de l'essence élémentale consiste précisément à répondre de la sorte, et que ses progrès sont considérablement aidés par la manière dont les entités les plus avancées, soumises à une évolution simultanée, l'emploient dans la mise en jeu de l'énergie mentale.

Supposez un instant que nulle pensée ne l'influence ; elle aurait alors l'aspect d'une masse amorphe d'atomes infinitésimaux dansant dans l'espace ; cette masse, bien qu'animée d'une vie merveilleusement intense, ferait sans doute peu de progrès dans sa marche descendante, ou involution, dans la matière. Mais la pensée vient-elle à s'en emparer et à la rendre active, l'oblige-t-elle à prendre, sur les niveaux « roupa », mille formes gracieuses ou, sur les niveaux « aroupa », l'apparence de fleuves resplendissants, l'essence reçoit une impression additionnelle indéniable qui, répétée sans cesse, la fait progresser. Toute pensée dirigée de ces niveaux supérieurs vers les choses de ce monde gagne naturellement les régions inférieures et se revêt de leur matière ; en même temps elle met en contact cette matière et l'essence élémentale dont son propre voile originel est composé, ce qui habitue peu à peu l'essence à répondre aux vibrations d'ordre inférieur et favorise considérablement son involution.

L'essence est aussi remarquablement affectée par la musique par les splendides, les glorieux torrents sonores dont j'ai parlé plus haut. Les grands compositeurs les répandent autour d'eux, dans ces régions sublimes où leur oeuvre, à peine ébauchée sur notre triste terre, est autrement vaste qu'ici-bas.

N'oublions pas non plus l'immense différence entre la puissance, la majesté qui caractérisent la pensée sur ce niveau, et la débilité relative des efforts que nous décorons ici-bas de ce nom. En général notre pensée prend naissance dans le corps mental, sur les niveaux mentals inférieurs et, dans sa descente, revêt le genre d'essence élémentale astrale correspondant à sa propre nature. Mais si l'homme est suffisamment avancé pour que sa conscience se soit identifiée avec le moi véritable dans le monde céleste supérieur, c'est dans ce monde que sa pensée prend naissance, le premier voile étant constitué par l'essence élémentale des niveaux inférieurs du plan mental. Dans ces conditions, la pensée est infiniment plus subtile, plus pénétrante et, à tous égards, plus active. Se rapporte-t-elle exclusivement à des objets élevés, ses vibrations peuvent être d'un ordre si subtil qu'elles ne trouvent pas à s'exprimer sur le plan astral ; parviennent-elles au contraire à impressionner cette nature inférieure, elles le feront d'une façon beaucoup plus complète que d'autres vibrations générées bien plus près du niveau astral.

Appliquons ce principe au niveau suivant. Nous voyons la pensée de l'initié naître sur le plan bouddhique, complètement au-dessus du monde mental, se revêtir de l'essence élémentale des régions célestes supérieures tandis que la pensée de l'Adepte descend comme un torrent du Nirvâna lui-même, animée des formidables, des incalculables énergies d'une existence que l'homme ordinaire est incapable de comprendre.

Ainsi, à mesure que nos connaissances grandissent, nous voyons se dérouler sous nos yeux des champs d'activité utile de plus en plus vastes, appropriés à l'immense développement de nos facultés, et nous reconnaissons combien il est vrai que « sur des niveaux aussi exaltés, une seule journée de travail est sans doute plus efficace que, sur le plan physique un labeur prolongé pendant mille ans ».

Le règne animal

Le règne animal est représenté sur le plan mental par deux grandes divisions. Dans le monde céleste inférieur, nous trouvons les âmes-groupes auxquelles se rattachent la plupart des animaux et, sur le troisième sousplan, les corps causals des animaux relativement peu nombreux qui déjà sont individualisés. A vrai dire, ces derniers ne sont plus absolument des animaux ; eux seuls, à notre époque, nous permettent d'étudier le corps causal à peine formé, avant le commencement de toute croissance, et n'offrant que de faibles traces de couleurs, indices des qualités naissantes et de leurs premières vibrations.

Après ses morts physique et astrale, l'animal individualisé jouit ordinairement dans le monde céleste inférieur d'une existence très prolongée, ressemblant souvent à un demi-sommeil ; son état correspond à celui de l'être humain parvenu au même niveau, mais son activité mentale est infiniment moindre. Sans qu'il en soit bien nettement conscient, ses formes-pensées l'entourent ; l'image de ses amis d'ici-bas est invariablement présente ; il les voit tels qu'il les a connus dans leurs heures de douceur et de bonté. Un amour assez fort et assez désintéressé pour former une image semblable étant, par cela même, capable d'agir sur l'âme de l'être aimé et de provoquer en elle une réponse, il en résulte que les animaux favoris auxquels nous prodiguons nos caresses, peuvent en retour exercer sur notre évolution une faible mais incontestable action.

Quand l'animal individualisé se retire dans son corps causal pour attendre le moment où la roue de l'évolution, dans sa marche circulaire, viendra mettre à sa portée une incarnation humaine primitive, il semble perdre presque entièrement conscience des objets extérieurs, étant plongé dans une sorte de rêverie béate, dans une paix et une satisfaction profondes. Son développement intérieur ne cesse pas pour cela, bien qu'il nous soit difficile d'en comprendre la nature. Mais il est un fait certain : pour toute entité parvenue au monde céleste, qu'elle atteigne seulement l'évolution humaine ou qu'elle se prépare à la dépasser, l'existence du ciel offre la félicité la plus haute qu'elle soit capable d'éprouver.

Les dévas ou anges

Le langage humain ne nous permet guère de décrire ces êtres merveilleux. Le lecteur trouvera dans le manuel du *Plan Astral* à peu près tout ce que nous en savons. Mais, pour ceux qui ne posséderaient pas ce manuel, voici de nouveau les considérations générales qu'il consacre à ces entités.

Le plus élevé des systèmes évolutifs plus spécialement en rapport avec la terre est, croyons-nous, celui des êtres appelés par les Hindous Dévas, et nommés ailleurs anges, fils de Dieu, etc. Nous pouvons en somme le considérer comme le règne immédiatement au-dessus du règne humain, de même que le règne humain se trouve lui-même immédiatement au-dessus du règne animal, mais avec une différence importante. Si l'évolution par la voie du règne humain est la seule qui soit possible à l'animal, l'homme en atteignant le niveau de l'Asekha ou Adepte parfait, se trouve en présence de plusieurs modes d'avancement et, entre autres, de la grande évolution Déva. (V. *Les Aides invisibles*, trad. franc., p. 143).

Dans la littérature orientale, le mot « Déva » est souvent employé d'une manière assez imprécise et appliqué à presque toutes les entités non-humaines, si bien que ce terme désigne souvent les puissances spirituelles les plus exaltées aussi bien que les esprits de la Nature ou les élémentals artificiels. Ici nous ne donnerons ce nom qu'à la hiérarchie dont nous considérons en ce moment l'évolution magnifique.

Tout en étant en rapport avec notre terre ces anges n'y sont pas confinés. Loin de là : l'ensemble de notre chaîne de sept mondes n'est pour eux qu'un monde unique, et leur évolution s'échelonne sur un système grandiose de sept chaînes. Jusqu'ici leurs armées se sont principalement recrutées parmi d'autres humanités appartenant à notre système solaire, humanités dont les unes sont moins, d'autres plus élevées que nous. La raison en est qu'un très petit nombre d'hommes sont arrivés assez haut pour pouvoir passer dans le règne Déva. D'autre part, il semble certain que, parmi les nombreuses classes de Dévas, il en est qui n'ont jamais passé dans leur évolution par aucune humanité comparable à la nôtre.

Nous ne pouvons nous faire encore une idée bien nette de ce qu'ils sont, mais le but, en quelque sorte, de leur évolution est certainement beaucoup plus élevé que celui de la nôtre. En d'autres termes, le but de notre évolution humaine étant d'élever au grade d'Adepte Asekha, avant la fin de la septième Ronde, ceux d'entre nous qui auront réussi, l'évolution des Dévas a pour objet d'élever beaucoup plus haut dans le même temps leurs rangs les plus avancés. Pour eux comme pour nous, un sentier, plus escarpé mais plus court, conduisant à des sommets plus sublimes encore, s'offre au pionnier vaillant. Vers quelles destinées s'avancent les Dévas ? Nous ne pouvons sur ce point que former des conjectures.

Hiérarchie

Les trois grandes divisions inférieures, en commençant par la plus basse, sont généralement appelées Kamadévas, Roupadévas et Aroupadévas ; on pourrait traduire respectivement ces mots par Anges du monde astral, du monde céleste inférieur et du monde céleste supérieur. De même qu'ici bas notre corps habituel — le moins élevé qu'il nous soit possible d'employer — est le corps physique, de même le corps habituel d'un Kamadéva est le corps astral : ce Déva représente donc assez exactement ce que sera l'humanité quand elle atteindra la planète F ; occupant habituellement un corps astral, il le quitte dans un corps mental pour passer sur le plan supérieur, comme nous le ferions nous-mêmes pour employer le corps astral. De même un Roupadéva aura pour corps habituel le mental, puisqu'il vit sur les quatre niveaux « roupas » du plan mental. Quand à l'Aroupadéva, il appartient aux trois niveaux les plus élevés de ce plan ; pour lui point de corps plus dense que le corps causal. Au-dessus des Aroupadévas, il existe quatre autres grandes classes faisant partie du même règne ; elles habitent respectivement les quatre plans supérieurs de notre système solaire. Plus haut enfin et bien au delà du règne Déva, viennent les armées des esprits planétaires. Mais l'étude d'êtres aussi exaltés ne peut trouver place ici.

Chacune des deux divisions principales ayant pour séjour, avons-nous dit, le plan mental, se subdivise en classes nombreuses. Seulement, leur existence est à tous égards si éloignée de la nôtre qu'il est inutile d'entrer sur ce point dans le moindre détail. Je ne puis faire mieux comprendre l'impression produite sur nos investigateurs qu'en citant textuellement les paroles de l'un d'eux, à l'époque, où se poursuivait cette étude en commun. « J'ai le sentiment d'une conscience prodigieusement exaltée, d'une conscience dont la gloire est indicible. Mais que l'impression est étrange ! Elle est si différente, si totalement différente de tout ce que j'ai encore éprouvé jusqu'ici, si étrangère à toute expérience humaine, que tenter de l'exprimer en paroles serait absolument inutile. »

Il serait tout aussi vain, sur notre plan physique, de vouloir donner aucune description de ces êtres puissants, car leur apparence se transforme avec chacune de leurs pensées. Nous avons parlé plus haut de la magnificence et de la force d'expression merveilleuse de leur langage en couleurs. De même dans notre description des habitants humains rencontrés sur le plan mental, plusieurs passages auront montré que dans certaines conditions il est possible, pour les hommes activement conscients sur ce plan, de recevoir des Dévas de précieuses leçons. Le lecteur se rappellera qu'un Déva, en animant la figure d'un ange créé par un choriste pendant sa vie céleste, enseignait à l'enfant des accents plus grandioses qu'aucune musique terrestre et que, dans un autre cas, les Dévas représentant certaines influences planétaires s'intéressaient à l'évolution d'un astronome.

Les Dévas, pourrait-on dire, sont aux esprits de la Nature (V. Manuel V), mais à un degré supérieur, ce que les hommes sont au règne animal. L'animal ne peut arriver à s'individualiser qu'en s'associant à l'homme. De même, un esprit de la Nature ne peut normalement arriver à la réincarnation et à l'individualité qu'en s'attachant d'une manière analogue à des entités appartenant à la hiérarchie Déva.

Bien entendu tout ce qui a été dit, et en somme tout ce que l'on peut dire de cette vaste évolution angélique ne fait qu'effleurer un sujet immense. A chaque lecteur d'acquérir des notions plus complètes quand il sera devenu conscient sur ces plans supérieurs. Les indications qui précèdent ne sont forcément qu'une légère et peu satisfaisante esquisse ; peut-être cependant donneront-elles une faible idée des aides innombrables avec lesquels, à mesure qu'il avance, l'homme entrera en rapport ; peut-être aussi montreront- elles comment chaque aspiration rendue possible à l'homme par le développement de ses facultés, au cours de sa marche ascendante, sera plus que satisfaite grâce aux dispositions pleines de sollicitude prises en sa faveur par la nature.

III. — Habitants artificiels

Nous ne consacrerons que peu de lignes à cette partie de notre étude. Le plan mental est, plus encore que le plan astral, peuplé par les élémentals artificiels appelés à l'existence temporaire par la pensée de ses habitants. Si l'on considère combien plus grandiose et plus puissante est cette pensée sur le niveau mental, générée non seulement par des hommes, revêtus ou non d'un corps, mais aussi par des Dévas et des entités venues de plans supérieurs, on se rendra compte immédiatement qu'il est difficile d'exagérer l'importance et l'influence des êtres artificiels dont nous venons de parler. Il est inutile de reprendre ici les questions traitées dans le Plan Astral, je veux dire de montrer les effets produits par la pensée humaine et la nécessité de la surveiller avec soin. Nous avons décrit assez longuement les différences qui distinguent les résultats de l'énergie mentale sur les niveaux « roupa » et « aroupa » pour faire comprendre la manière dont l'élémental artificiel du plan mental est appelé à l'existence, et pour donner une certaine idée de l'infinie variété d'entités éphémères créées de la sorte, et de l'immense importance des résultats obtenus par leur emploi. Les Adeptes et leurs disciples initiés en font un usage constant. Faut-il ajouter que l'élémental artificiel formé par des intelligences aussi puissantes est un être infiniment plus durable et proportionnellement plus fort que tous ses congénères du plan astral.

CONCLUSION

Comment relire ces pages sans reconnaître avec humiliation l'insuffisance absolue de nos essais descriptifs, l'inutilité sans espoir de nos efforts pour traduire en paroles humaines les gloires ineffables du monde céleste. Une tentative comme celle-ci est forcément d'une imperfection lamentable ; ne doit-on pas cependant la préférer à l'absence de toute description ? Peut-être permettra-t-elle au lecteur de se faire une pâle idée de la vie d'outre-tombe, et bien qu'en atteignant ce séjour de lumière et de béatitude son attente y soit infiniment dépassée, il n'aura, je l'espère, à constater l'inexactitude d'aucun renseignement recueilli par lui dans cet ouvrage.

L'homme, tel qu'il est, pour le moment, constitué, réunit en soi des principes appartenant à deux plans supérieurs au mental même, car il est représenté par son Bouddhi sur le plan que, pour cette raison même, nous appelons le plan bouddhique, et par son Atmâ (son étincelle divine) sur le troisième plan du système solaire, généralement appelé plan nirvânique. Chez l'homme ordinaire, ces principes supérieurs n'ont pour ainsi dire pas commencé à se développer. D'ailleurs, les plans auxquels ils correspondent sont, beaucoup plus encore que le plan mental, impossibles à décrire. Qu'il nous suffise de dire que, sur le plan bouddhique, les limitations s'évanouissent; l'homme voit sa conscience s'y élargir au point qu'il reconnaît, non plus théoriquement, mais par l'expérience la plus positive, que la conscience de ses semblables est contenue dans la sienne. Il sent enfin, il connaît et il éprouve, avec une sympathie absolument parfaite, tout ce qui est en leur âme, car elle fait en réalité partie de la sienne. Sur le plan nirvânique il fait un pas de plus, et constate que sa propre conscience et celles de ses semblables sont une, dans un sens plus sublime encore, puisqu'elles sont véritablement des facettes de la conscience, infiniment plus vaste, du Logos. En Lui, tous ont le mouvement, la vie et l'être; aussi quand « la goutte de rosée glisse dans la mer lumineuse », semble-t-il qu'il se produise le phénomène inverse et que l'océan se déverse dans la goutte qui, pour la première fois, comprend qu'elle est l'océan, — non plus une partie minime de ses eaux, mais l'océan tout entier ; affirmation paradoxale, tout à fait incompréhensible et impossible en apparence, mais absolument vraie.

Cependant, il est une vérité que nous pouvons saisir : il ne faut voir dans la béatitude nirvânique ni le vide ni le néant, comme certains ignorants l'ont supposé, mais une activité mille fois plus intense et plus efficace. Plus nous nous élevons sur l'échelle de la nature et plus les champs d'action s'élargissent à nos yeux, plus notre travail pour autrui grandit et acquiert de portée. Sagesse et puissance infinies sont synonymes de facultés infinies mises au service de l'humanité, parce qu'elles obéissent à un amour sans limites.

TABLE DES MATIÈRES

PRÉFACE 5
AVANT-PROPOS 7

CARACTÈRES GÉNÉRAUX — Une belle description. — La béatitude du monde céleste. — Un nouveau mode de connaissance. — Le milieu. — Les grandes ondes. — Les mondes célestes inférieur et supérieur. — Action de la pensée. — Formes-pensées. — Les sous-plans. — Les archives du passé 19
LES HABITANTS — I. — Habitants humains. — Les incarnés. — Dans le sommeil ou dans la transe. 57
Les désincarnés. — Qualités nécessaires pour atteindre la vie céleste. — Comment l'homme parvient pour la premiere fois à la vie terrestre . . . 65
Les cieux inférieurs. — exemples de chacun 76
La réalité du monde céleste 116

Le renoncement à la vie céleste 123
Les cieux supérieurs 129
II. — Habitants non-humains. — L'essence élémentale. — Définition. — Comment l'esprit se voile. — Les règnes élémentals. — L'essence et son mode d'évolution 146
Le règne animal 158
Les dévas ou anges. — Hiérarchie 160
III. — Habitants artificiels 166

CONCLUSION 169

Charles Webster Leadbeater
(16 février 1854 - 1er mars 1934)

Charles Webster Leadbeater était un membre influent de la Société Théosophique, auteur de sujets occultes et co-initiateur de l'Église Catholique Libérale. À l'origine un prêtre de l'Église d'Angleterre, son intérêt pour le spiritualisme l'a amené à mettre fin à son affiliation à l'Anglicanisme en faveur de la Société Théosophique où il s'associa à Annie Besant. Leadbeater a écrit plus de 69 livres et brochures. Ses efforts en faveur de la société lui ont assuré son statut d'un de ses principaux membres jusqu'à sa mort en 1934.

www.ingramcontent.com/pod-product-compliance
Lightning Source LLC
LaVergne TN
LVHW051121080426
835510LV00018B/2167